Biographie

SHAKESPEARE
est considéré comme un des plus grands écrivains de la culture occidentale. Il a été un auteur prolifique : il a écrit une centaine de poèmes et près de quarante pièces de théâtre, aujourd'hui jouées dans le monde entier.

Identité :
William Shakespeare

Baptême :
26 avril 1564 à Stratford-upon-Avon (Angleterre)

Décès :
23 avril 1616 (à 52 ans) à Stratford-upon-Avon
(dates selon le calendrier julien)

Genres pratiqués :
tragédie, comédie, poésie

▶ Un auteur à la vie peu connue

Il y a peu de documents officiels sur Shakespeare et beaucoup de zones d'ombre. Pour reconstituer sa vie, on en est souvent réduit à des déductions. Cette aura de mystère qui l'enveloppe a aussi été favorisée par le statut du texte théâtral au XVIe siècle. D'une part, les pièces sont vues mais pas lues, le théâtre étant considéré comme un divertissement plus qu'un art. D'autre part, ce qu'écrit le dramaturge n'est pas sa propriété, mais celle de sa troupe, qui participe à l'écriture du texte et peut le modifier au fil des représentations. Les dramaturges mettent donc peu d'empressement à être imprimés.

Une des conséquences est que les dates de composition des pièces de Shakespeare sont approximatives, l'autre est qu'il en existe plusieurs versions, sans qu'aucune ne s'appuie sur un manuscrit de la main de l'auteur. De son vivant, seule la moitié de ses pièces a été éditée et leur texte ne concorde pas toujours avec la première édition intégrale établie après sa mort.

Cependant, jusqu'à preuve du contraire, William Shakespeare fut acteur, poète et dramaturge et son œuvre est une des plus importantes de la littérature mondiale.

Des éditions pirates

Certaines éditions publiées du vivant de Shakespeare l'ont été sans son accord. Le texte était alors établi par des sortes d'espions qui le notaient durant une représentation ou par un comédien de la troupe en mal d'argent.

SES CONTEMPORAINS

- Quand Shakespeare se met à écrire pour le théâtre, il a peu de concurrents. En effet, Thomas Kyd, auteur d'une tragédie de vengeance spectaculaire et sanglante, *La Tragédie espagnole*, meurt en 1595.
- Christopher Marlowe, auteur de tragédies à l'imagination poétique puissante, décède en 1593.

LES PIÈCES HISTORIQUES

- *Richard III*, 1592
- *Richard II*, 1595
- *Henri IV*, 1596
- *Henri V*, 1598

LES COMÉDIES

- *La Mégère apprivoisée*, 1593
- *Le Songe d'une nuit d'été*, 1595
- *Beaucoup de bruit pour rien*, 1598

▶ Premières années dans un village anglais

William Shakespeare naît en avril 1564 dans une famille prospère de Stratford-upon-Avon, un village du centre de l'Angleterre, situé à deux journées de cheval de Londres. Son père, conseiller municipal, tire de confortables revenus du commerce et occupera une place de plus en plus importante dans la gestion des affaires de la commune. L'enfant fait probablement des études classiques au collège. À partir de 1576, l'atmosphère familiale s'assombrit, les affaires de son père déclinent et celui-ci se retire progressivement de la vie publique. Toutefois, en 1582, à dix-huit ans, William Shakespeare se marie ; il aura rapidement une fille, puis des jumeaux. Les années suivantes, de 1585 à 1592, sont les plus mystérieuses car on perd complètement sa trace.

▶ À Londres, une vie vouée au théâtre

Quand il réapparaît dans les archives, c'est en 1592 : acteur et dramaturge à Londres, il attire déjà l'attention des critiques. Cependant, de 1592 à 1594, une épidémie de peste entraîne la fermeture des théâtres et semble lui permettre de se consacrer à la poésie, notamment à la composition de sonnets. Mais très vite la vie théâtrale va l'emporter : en 1594, il devient membre de la troupe du Lord Chambellan qui joue à la Cour deux fois par an et en est même actionnaire ; en 1599, il est aussi actionnaire et copropriétaire du Globe, tout nouveau et déjà principal théâtre de la capitale. Surtout, Shakespeare se met activement à écrire des pièces : en moyenne, deux par an jusqu'en 1613.

Sommaire

1 L'auteur

2 *Roméo et Juliette* (texte intégral)

3 Dossier Bibliocollège

L'essentiel sur l'auteur

Poète et dramaturge anglais du XVIe siècle, Shakespeare est **le plus illustre représentant du théâtre élisabéthain**.

Roméo et Juliette (1596) est une de ses premières pièces. Elle appartient à sa période la moins sombre, durant laquelle il a composé surtout des drames historiques et des comédies.

SHAKESPEARE (1564 -1616)

Ses contemporains :

- Cervantès, écrivain espagnol, auteur de *Don Quichotte* (1605 et 1615).
- Montaigne, écrivain français humaniste, auteur des *Essais* (1580).

Des personnalités-clés :

- Élisabeth Ire, reine d'Angleterre de 1558 à sa mort, en 1603.
- Copernic (1473-1543), astronome qui établit que la Terre n'est pas au centre de l'univers.
- Calvin (1509-1564), pasteur théoricien de la Réforme protestante.

▶ Les premières œuvres

Durant ces premières années d'écriture, Shakespeare va surtout composer des comédies et des drames historiques. Sortes de méditations sur le pouvoir, ces drames s'inspirent d'un épisode historique nommé la guerre des Deux-Roses. Cette guerre de succession au trône d'Angleterre oppose les deux branches rivales de la famille royale sur plusieurs générations, de 1455 à 1485. Elle doit son nom au fait que chaque maison possède une rose dans son écusson : une rose rouge pour la maison de Lancastre, et une rose blanche pour la maison d'York. Le succès de ces drames est immédiat car Shakespeare y flatte le goût du public de l'époque pour les horreurs de la guerre civile, le fracas des batailles et le patriotisme.

La pièce *Roméo et Juliette*, parue en 1596 et qu'il sous-titre « tragédie », est donc à part dans sa production de cette époque.

Même si son talent est moins reconnu par ses contemporains que par sa postérité, dès 1598, l'écrivain Francis Meres affirme que Shakespeare est comparable aux meilleurs auteurs latins et le meilleur des auteurs anglais de son temps.

▶ Sources d'inspiration

Shakespeare invente rarement l'intrigue ou les personnages de ses pièces. Il puise ses sujets dans le folklore (surtout pour ses comédies) ou chez d'autres auteurs, classiques ou contemporains. La même source peut même être utilisée plusieurs fois dans des registres différents. Ainsi, l'histoire de Pyrame et Thisbé, racontée par Ovide dans *Les Métamorphoses*, est traitée de façon tragique dans *Roméo et Juliette* et devient un épisode burlesque dans la comédie écrite dans les mêmes années, *Le Songe d'une nuit d'été*.

Construit en 1599 à partir du bois d'un autre théâtre, le beau « Wooden O » (cercle de bois) comme il est désigné par le chœur d'*Henry V*, est situé au sud de la Tamise.
Il peut accueillir 1 400 spectateurs. Le toit était orné d'un globe et portait la devise : *totus mundus agit histrionem* (le monde entier joue la comédie). Tous les théâtres furent détruits entre 1642 et 1644 par les Puritains, de plus en plus influents, et aucune pièce ne fut jouée à Londres jusqu'en 1660.

▸ Des années plus sombres malgré la réussite

Le tournant du siècle marque une étape dans l'œuvre de Shakespeare. Malgré sa réussite professionnelle évidente, reposant sur des honneurs (les Comédiens du Chambellan deviennent Comédiens du Roi) et de très importants revenus issus de ses actions dans deux théâtres, ses pièces s'assombrissent. C'est à cette période que vont être écrites ses tragédies les plus célèbres et les plus noires : *Hamlet* en 1600, *Othello* en 1603, *Le Roi Lear* en 1604, *Macbeth* en 1606. Cette nouvelle tonalité coïncide avec la mort d'Élisabeth Ire en 1602 et deux nouvelles épidémies de peste qui vont accabler Londres pendant près d'une décennie.

Progressivement, Shakespeare va se retirer de la vie londonienne et théâtrale, jusqu'à revenir s'installer définitivement dans sa ville natale, où il mourra en 1616. Ce n'est qu'après sa mort que la première édition complète de son œuvre (dont la moitié est alors inédite) sera publiée, en 1623.

LE RÈGNE D'ÉLISABETH IRE

Élisabeth Ire règne de 1558 à 1603. Cultivée, elle protège le théâtre contre les Puritains qui, depuis la Réforme, veulent le faire interdire. Ils y parviendront de 1642 à 1660 lorsqu'ils prendront le pouvoir avec, à leur tête, Oliver Cromwell.

Shakespeare vu par...

VOLTAIRE

« Il semble que la nature se soit plu à rassembler, dans la tête de Shakespeare, ce qu'on peut imaginer de plus fort et de plus grand avec ce que la grossièreté sans esprit peut avoir de plus bas et de plus détestable. »

VICTOR HUGO

« Shakespeare, c'est la fertilité, la force, l'exubérance [...]. Shakespeare est le semeur d'éblouissements. À chaque mot, l'image ; à chaque mot, le contraste, à chaque mot, le jour et la nuit. »

HAMLET

La plus jouée de toutes les œuvres de Shakespeare : le jeune Hamlet est chargé par le spectre de son père de le venger ; il doit tuer l'assassin de son père qui est devenu roi et l'époux de sa veuve.

WILLIAM SHAKESPEARE

Roméo et Juliette

PERSONNAGES

ESCALUS, prince de Vérone.
PÂRIS, jeune seigneur.
MONTAGUE, CAPULET. } chefs des deux maisons ennemies.
UN VIEILLARD, oncle de Capulet.
ROMÉO, fils de Montague.
MERCUTIO, parent du prince et ami de Roméo.
BENVOLIO, neveu de Montague et ami de Roméo.
TYBALT, neveu de Lady Capulet.
FRÈRE LAURENCE, moine franciscain.
FRÈRE JEAN, religieux du même ordre.
BALTHAZAR, page de Roméo.
SAMSON, GRÉGOIRE. } valets de Capulet.
ABRAHAM, valet de Montague.
PIERRE, valet de la nourrice.
UN APOTHICAIRE[1].
UN VALET.
TROIS MUSICIENS.
UN PAGE.
UN OFFICIER.
LADY MONTAGUE, femme de Montague.
LADY CAPULET, femme de Capulet.
JULIETTE, fille de Capulet.
LA NOURRICE.
CITOYENS DE VÉRONE, SEIGNEURS ET DAMES, PARENTS DES DEUX FAMILLES ; MASQUES[2], gardes, guetteurs de nuit, gens de service[3].

La scène est tantôt à Vérone, tantôt à Mantoue[4].

Notes

1. ***apothicaire :*** homme qui prépare et vend des médicaments (pharmacien).
2. ***masques :*** personnes déguisées.
3. ***gens de service :*** domestiques.
4. ***Mantoue :*** ville de Lombardie, en Italie du Nord.

PROLOGUE

LE CHŒUR

Deux familles, égales en noblesse,
Dans la belle Vérone, où nous plaçons notre scène,
Sont entraînées par d'anciennes rancunes à des rixes[1] nouvelles
Où le sang des citoyens souille les mains des citoyens.
Des entrailles prédestinées de ces deux ennemies
A pris naissance, sous des étoiles contraires[2], un couple [d'amoureux
Dont la ruine néfaste et lamentable[3]
Doit ensevelir dans leur tombe l'animosité[4] de leurs parents.
Les terribles péripéties de leur fatal amour
Et les effets de la rage obstinée de ces familles,
Que peut seule apaiser la mort de leurs enfants,
Vont en deux heures être exposés sur notre scène.
Si vous daignez nous écouter patiemment,
Notre zèle[5] s'efforcera de corriger notre insuffisance.

Notes

1. ***rixes :*** querelles violentes, accompagnées de menaces et de coups.
2. ***étoiles contraires :*** astres influençant la destinée humaine vers le malheur.
3. ***ruine néfaste et lamentable :*** mort tragique et pitoyable.
4. ***animosité :*** hostilité.
5. ***zèle :*** ardeur (à représenter cette histoire).

Juliette (Olivia Hussey) et Roméo (Leonard Whiting)
dans le film *Roméo et Juliette* de Franco Zeffirelli (Italie, 1968).

Acte I

SCÈNE 1

Vérone. – Une place publique.

Entrent Samson et Grégoire, armés d'épées et de boucliers.

SAMSON. – Grégoire, sur ma parole, nous ne supporterons pas leurs brocards[1].

GRÉGOIRE. – Non, nous ne sommes pas gens à porter le brocart[2].

SAMSON. – Je veux dire que, s'ils nous mettent en colère, nous allongeons le couteau.

GRÉGOIRE. – Oui, mais prends garde qu'on ne t'allonge le cou tôt ou tard.

SAMSON. – Je frappe vite quand on m'émeut.

GRÉGOIRE. – Mais tu es lent à t'émouvoir.

SAMSON. – Un chien de la maison de Montague m'émeut.

GRÉGOIRE. – Qui est ému, remue ; qui est vaillant, tient ferme ; conséquemment, si tu es ému, tu lâches pied.

SAMSON. – Quand un chien de cette maison-là m'émeut, je tiens ferme. Je suis décidé à prendre le haut du pavé[3] sur tous les Montagues, hommes ou femmes.

Notes

1. ***brocards* :** moqueries offensantes.
2. ***brocart* :** riche tissu broché de soie, d'or ou d'argent.
3. ***prendre le haut du pavé* :** dominer, prendre le premier rang.

GRÉGOIRE. – Cela prouve que tu n'es qu'un faible drôle[1]; les faibles s'appuient toujours au mur.

SAMSON. – C'est vrai ; et voilà pourquoi les femmes étant les vases les plus faibles, sont toujours adossées au mur; aussi, quand j'aurai affaire aux Montagues, je repousserai les hommes du mur et j'y adosserai les femmes.

GRÉGOIRE. – La querelle ne regarde que nos maîtres et nous, leurs hommes.

SAMSON. – N'importe! je veux agir en tyran. Quand je me serai battu avec les hommes, je serai cruel avec les femmes. Il n'y aura plus de vierges!

GRÉGOIRE. – Tu feras donc sauter toutes leurs têtes?

SAMSON. – Ou tous leurs pucelages[2]. Comprends la chose comme tu voudras.

GRÉGOIRE. – Celles-là comprendront la chose, qui la sentiront.

SAMSON. – Je la leur ferai sentir tant que je pourrai tenir ferme, et l'on sait que je suis un joli morceau de chair.

GRÉGOIRE. – Il est fort heureux que tu ne sois pas poisson; tu aurais fait un pauvre merlan. Tire ton instrument; en voici deux de la maison de Montague. *(Ils dégainent[3].)*

Entrent Abraham et Balthazar.

SAMSON. – Voici mon épée nue; cherche-leur querelle; je serai derrière toi.

GRÉGOIRE. – Oui, tu te tiendras derrière pour mieux déguerpir[4].

SAMSON. – Ne crains rien de moi.

GRÉGOIRE. – De toi? Non, morbleu[5].

Notes

1. ***faible drôle :*** mauvais garçon.
2. ***pucelages :*** virginités.
3. ***ils dégainent :*** ils tirent leur arme du fourreau.
4. ***déguerpir :*** s'enfuir.
5. ***morbleu :*** juron marquant la colère.

SAMSON. – Mettons la loi de notre côté et laissons-les commencer.

GRÉGOIRE. – Je vais froncer le sourcil en passant près d'eux, et qu'ils le prennent comme ils le voudront.

SAMSON. – C'est-à-dire comme ils l'oseront. Je vais mordre mon pouce en les regardant, et ce sera une disgrâce[1] pour eux, s'ils le supportent.

ABRAHAM, *à Samson.* – Est-ce à notre intention que vous mordez votre pouce, monsieur ?

SAMSON. – Je mords mon pouce, monsieur.

ABRAHAM. – Est-ce à notre intention que vous mordez votre pouce, monsieur ?

SAMSON, *bas à Grégoire.* – La loi est-elle de notre côté, si je dis oui ?

GRÉGOIRE, *bas à Samson.* – Non.

SAMSON, *haut à Abraham.* – Non, monsieur, ce n'est pas à votre intention que je mords mon pouce, monsieur ; mais je mords mon pouce, monsieur.

GRÉGOIRE, *à Abraham.* – Cherchez-vous une querelle, monsieur ?

ABRAHAM. – Une querelle, monsieur ? Non, monsieur !

SAMSON. – Si vous en cherchez une, monsieur, je suis votre homme. Je sers un maître aussi bon que le vôtre.

ABRAHAM. – Mais pas meilleur.

SAMSON. – Soit, monsieur.

Entre, au fond du théâtre, Benvolio ; puis, à distance, derrière lui, Tybalt.

GRÉGOIRE, *à Samson.* – Dis meilleur ! Voici un parent de notre maître.

Note

1. ***disgrâce :*** humiliation.

SAMSON, *à Abraham.* – Si fait, monsieur, meilleur !

ABRAHAM. – Vous en avez menti.

SAMSON. – Dégainez, si vous êtes hommes ! *(Tous se mettent en garde.)* Grégoire, souviens-toi de ta maîtresse botte[1] !

BENVOLIO, *s'avançant la rapière[2] au poing.* – Séparez-vous, imbéciles ! rengainez vos épées ; vous ne savez pas ce que vous faites. *(Il rabat les armes des valets.)*

TYBALT, *s'élançant, l'épée nue, derrière Benvolio.* – Quoi ! l'épée à la main, parmi ces marauds[3] sans cœur ! Tourne-toi, Benvolio, et fais face à ta mort.

BENVOLIO, *à Tybalt.* – Je ne veux ici que maintenir la paix ; rengaine ton épée[4], ou emploie-la, comme moi, à séparer ces hommes.

TYBALT. – Quoi, l'épée à la main, tu parles de paix ! Ce mot, je le hais, comme je hais l'enfer, tous les Montagues et toi. À toi, lâche !

Tous se battent. D'autres partisans des deux maisons arrivent et se joignent à la mêlée. Alors arrivent des citoyens armés de bâtons.

PREMIER CITOYEN. – À l'œuvre les bâtons, les piques, les pertuisanes[5] ! Frappez ! Écrasez-les ! À bas les Montagues ! À bas les Capulets !

Entrent Capulet, en robe de chambre, et Lady Capulet.

CAPULET. – Quel est ce bruit ?... Holà ! qu'on me donne ma grande épée.

LADY CAPULET. – Non ! une béquille ! une béquille !... Pourquoi demander une épée ?

Notes

1. ***ta maîtresse botte :*** ton coup d'épée le plus habile.
2. ***rapière :*** épée à lame fine et longue, en usage dans les duels.
3. ***marauds :*** coquins (terme insultant).
4. ***rengaine ton épée :*** remets ton épée dans son fourreau.
5. ***pertuisanes :*** hallebardes (lances) légères à long fer triangulaire.

CAPULET. – Mon épée, dis-je ! le vieux Montague arrive et brandit sa rapière en me narguant[1] !

Entrent Montague, l'épée à la main, et Lady Montague.

MONTAGUE. – À toi, misérable Capulet !... Ne me retenez pas ! lâchez-moi.

LADY MONTAGUE, *le retenant.* – Tu ne feras pas un seul pas vers ton ennemi.

Le prince Escalus (Frédéric Leidgens). Mise en scène de Hans-Peter Cloos, théâtre du Rond-Point, Paris, 1996.

Note

1. ***en me narguant :*** en me bravant.

Entre le prince Escalus, avec sa suite.

LE PRINCE. – Sujets rebelles, ennemis de la paix ! profanateurs[1] qui souillez cet acier par un fratricide[2] !... Est-ce qu'on ne m'entend pas ?... Holà ! vous tous, hommes ou brutes, qui éteignez la flamme de votre rage pernicieuse[3] dans les flots de pourpre[4] échappés de vos veines, sous peine de torture, obéissez ! Que vos mains sanglantes jettent à terre ces épées trempées dans le crime, et écoutez la sentence de votre prince irrité ! *(Tous les combattants s'arrêtent.)* Trois querelles civiles[5], nées d'une parole en l'air, ont déjà troublé le repos de nos rues, par ta faute, vieux Capulet, et par la tienne, Montague ; trois fois les anciens de Vérone, dépouillant le vêtement grave qui leur sied, ont dû saisir de leurs vieilles mains leurs vieilles pertuisanes, gangrenées[6] par la rouille, pour séparer vos haines gangrenées. Si jamais vous troublez encore nos rues, votre vie payera le dommage fait à la paix. Pour cette fois, que tous se retirent. Vous, Capulet, venez avec moi ; et vous, Montague, vous vous rendrez cette après-midi, pour connaître notre décision ultérieure[7] sur cette affaire, au vieux château de Villafranca, siège ordinaire de notre justice. Encore une fois, sous peine de mort, que tous se séparent ! *(Tous sortent, excepté Montague, Lady Montague et Benvolio.)*

MONTAGUE. – Qui donc a réveillé cette ancienne querelle ? Parlez, neveu, étiez-vous là quand les choses ont commencé ?

BENVOLIO. – Les gens[8] de votre adversaire et les vôtres se battaient ici à outrance[9] quand je suis arrivé ; j'ai dégainé pour les séparer ; à l'instant même est survenu le fougueux Tybalt,

Notes

1. ***profanateurs :*** qui font un usage indigne (des épées).
2. ***fratricide :*** meurtre d'un frère.
3. ***pernicieuse :*** nuisible.
4. ***pourpre :*** couleur rouge, qui désigne ici le sang.
5. ***civiles :*** entre citoyens d'une même cité.
6. ***gangrenées :*** rongées.
7. ***ultérieure :*** postérieure.
8. ***gens :*** domestiques.
9. ***à outrance :*** jusqu'à l'excès.

l'épée haute, vociférant[1] ses défis à mon oreille, en même temps qu'il agitait sa lame autour de sa tête et pourfendait l'air qui narguait son impuissance par un sifflement. Tandis que nous échangions les coups et les estocades[2], sont arrivés des deux côtés de nouveaux partisans qui ont combattu jusqu'à ce que le prince soit venu les séparer.

LADY MONTAGUE. – Oh! où est donc Roméo? l'avez-vous vu aujourd'hui? Je suis bien aise qu'il n'ait pas été dans cette bagarre.

BENVOLIO. – Madame, une heure avant que le soleil sacré perçât la vitre d'or de l'Orient[3], mon esprit agité m'a entraîné à sortir; tout en marchant dans le bois de sycomores[4] qui s'étend à l'ouest de la ville, j'ai vu votre fils qui s'y promenait déjà; je me suis dirigé vers lui, mais, à mon aspect, il s'est dérobé dans les profondeurs du bois. Pour moi, jugeant de ses émotions par les miennes, qui ne sont jamais aussi absorbantes que quand elles sont solitaires, j'ai suivi ma fantaisie sans poursuivre la sienne, et j'ai évité volontiers qui[5] me fuyait si volontiers.

MONTAGUE. – Voilà bien des matinées qu'on l'a vu là augmenter de ses larmes la fraîche rosée du matin et à force de soupirs ajouter des nuages aux nuages. Mais, aussitôt que le vivifiant soleil commence, dans le plus lointain Orient, à tirer les rideaux ombreux du lit de l'Aurore, vite mon fils accablé fuit la lumière; il rentre, s'emprisonne dans sa chambre, ferme ses fenêtres, tire le verrou sur le beau jour, et se fait une nuit artificielle. Ah! cette humeur sombre lui sera fatale, si de bons conseils n'en dissipent la cause.

BENVOLIO. – Cette cause, la connaissez-vous, mon noble oncle?

MONTAGUE. – Je ne la connais pas et je n'ai pu l'apprendre de lui.

Notes

1. ***vociférant*** **:** criant avec colère.
2. ***estocades*** **:** attaques violentes et soudaines.
3. ***de l'Orient*** **:** de l'est, où se lève le soleil.
4. ***sycomores*** **:** érables ou faux platanes.
5. ***qui*** **:** celui qui.

BENVOLIO. – Avez-vous insisté près de lui suffisamment ?

MONTAGUE. – J'ai insisté moi-même, ainsi que beaucoup de mes amis ; mais il est le seul conseiller de ses passions ; il est l'unique confident de lui-même, confident peu sage peut-être, mais aussi secret, aussi impénétrable, aussi fermé à la recherche et à l'examen que le bouton[1] qui est rongé par un ver jaloux avant de pouvoir épanouir à l'air ses pétales embaumés et offrir sa beauté au soleil ! Si seulement nous pouvions savoir d'où lui viennent ces douleurs, nous serions aussi empressés pour les guérir que pour les connaître.

Roméo paraît à distance.

BENVOLIO. – Tenez, le voici qui vient. Éloignez-vous, je vous prie ; ou je connaîtrai ses peines, ou je serai bien des fois refusé.

MONTAGUE. – Puisses-tu, en restant, être assez heureux pour entendre une confession complète !... Allons, madame, partons ! *(Sortent Montague et Lady Montague.)*

BENVOLIO. – Bonne matinée, cousin !

ROMÉO. – Le jour est-il si jeune encore ?

BENVOLIO. – Neuf heures viennent de sonner.

ROMÉO. – Oh ! que les heures tristes semblent longues ! N'est-ce pas mon père qui vient de partir si vite ?

BENVOLIO. – C'est lui-même. Quelle est donc la tristesse qui allonge les heures de Roméo ?

ROMÉO. – La tristesse de ne pas avoir ce qui les abrégerait.

BENVOLIO. – Amoureux ?

ROMÉO. – Éperdu...

BENVOLIO. – D'amour ?

ROMÉO. – Des dédains de celle que j'aime.

Note

1. ***bouton :*** bourgeon dont l'éclosion donne une fleur.

BENVOLIO. – Hélas! faut-il que l'amour, si doux en apparence, soit si tyrannique et si cruel à l'épreuve!

ROMÉO. – Hélas! faut-il que l'amour, malgré le bandeau qui l'aveugle[1], trouve toujours, sans y voir, un chemin vers son but!... Où dînerons-nous?... Ô mon Dieu!... Quel était ce tapage?... Mais non, ne me le dis pas, car je sais tout! Ici on a beaucoup à faire avec la haine, mais plus encore avec l'amour... Amour! Ô tumultueux amour! Ô amoureuse haine! Ô tout, créé de rien! Ô lourde légèreté! Vanité sérieuse! Informe chaos de ravissantes visions! Plume de plomb, lumineuse fumée, feu glacé, santé maladive! Sommeil toujours éveillé qui n'est pas ce qu'il est! Voilà l'amour que je sens et je n'y sens pas d'amour... Tu ris, n'est-ce pas?

BENVOLIO. – Non, cousin : je pleurerais plutôt.

ROMÉO. – Bonne âme!... et de quoi?

BENVOLIO. – De voir ta bonne âme si accablée.

ROMÉO. – Oui, tel est l'effet de la sympathie. La douleur ne pesait qu'à mon cœur, et tu veux l'étendre sous la pression de la tienne : cette affection que tu me montres ajoute une peine de plus à l'excès de mes peines. L'amour est une fumée de soupirs; dégagé, c'est une flamme qui étincelle aux yeux des amants; comprimé, c'est une mer qu'alimentent leurs larmes. Qu'est-ce encore? La folle la plus raisonnable, une suffocante amertume, une vivifiante douceur!... Au revoir, mon cousin. *(Il va pour sortir.)*

BENVOLIO. – Doucement, je vais vous accompagner : vous me faites injure en me quittant ainsi.

ROMÉO. – Bah! je me suis perdu moi-même; je ne suis plus ici; ce n'est pas Roméo que tu vois, il est ailleurs.

BENVOLIO. – Dites-moi sérieusement qui vous aimez.

Note

1. ***le bandeau qui l'aveugle :*** Cupidon, le dieu de l'amour, est représenté avec les yeux bandés, pour symboliser le hasard du coup de foudre amoureux.

ROMÉO. – Sérieusement? Roméo ne peut le dire qu'avec des sanglots.

BENVOLIO. – Avec des sanglots? Non! dites-le-moi sérieusement.

ROMÉO. – Dis donc à un malade de faire sérieusement son testament! Ah! ta demande s'adresse mal à qui est si mal! Sérieusement, cousin, j'aime une femme.

BENVOLIO. – En le devinant, j'avais touché juste[1].

ROMÉO. – Excellent tireur[2]!... j'ajoute qu'elle est d'une éclatante beauté.

BENVOLIO. – Plus le but est éclatant, beau cousin, plus il est facile à atteindre.

ROMÉO. – Ce trait-là frappe à côté; car elle est hors d'atteinte des flèches de Cupidon[3] : elle a le caractère de Diane[4]; armée d'une chasteté à toute épreuve, elle vit à l'abri de l'arc enfantin de l'Amour; elle ne se laisse pas assiéger en termes amoureux, elle se dérobe au choc des regards provocants et ferme son giron[5] à l'or qui séduirait une sainte. Oh! elle est riche en beauté, misérable seulement en ce que ses beaux trésors doivent mourir avec elle!

BENVOLIO. – Elle a donc juré de vivre toujours chaste?

ROMÉO. – Elle l'a juré, et cette réserve produit une perte immense. En affamant une telle beauté par ses rigueurs, elle en déshérite toute la postérité[6]. Elle est trop belle, trop sage, trop sagement belle, car elle mérite le ciel en faisant mon désespoir. Elle a juré de n'aimer jamais, et ce serment me tue en me laissant vivre, puisque c'est un vivant qui te parle.

Notes

1. ***j'avais touché juste :*** j'avais atteint ma cible (je ne m'étais pas trompé).
2. ***tireur :*** celui qui dispute un assaut à l'épée.
3. ***flèches de Cupidon :*** le dieu de l'amour est représenté avec un arc et des flèches dont il perçait le cœur de celui qu'il voulait rendre amoureux.
4. ***elle a le caractère de Diane :*** la déesse Diane refusait le mariage.
5. ***giron :*** partie inférieure du corps.
6. ***elle en déshérite toute la postérité :*** elle en prive les générations futures.

BENVOLIO. – Suis mon conseil : cesse de penser à elle.

ROMÉO. – Oh ! apprends-moi comment je puis cesser de penser.

BENVOLIO. – En rendant la liberté à tes yeux : examine d'autres beautés.

ROMÉO. – Ce serait le moyen de rehausser encore ses grâces exquises. Les bienheureux masques qui baisent le front des belles ne servent, par leur noirceur, qu'à nous rappeler la blancheur qu'ils cachent. L'homme frappé de cécité[1] ne saurait oublier le précieux trésor qu'il a perdu avec la vue. Montre-moi la plus charmante maîtresse : que sera pour moi sa beauté, sinon une page où je pourrai lire le nom d'une beauté plus charmante encore ? Adieu : tu ne saurais m'apprendre à oublier.

BENVOLIO. – J'achèterai ce secret-là, dussé-je mourir insolvable[2] ! *(Ils sortent.)*

SCÈNE 2

Devant la maison de Capulet. Entrent Capulet, Pâris et un valet.

CAPULET. – Montague est lié comme moi, et sous une égale caution[3]. Il n'est pas bien difficile, je pense, à des vieillards comme nous de garder la paix.

PÂRIS. – Vous avez tous deux la plus honorable réputation ; et c'est pitié que vous ayez vécu si longtemps en querelle… Mais maintenant, monseigneur, que répondez-vous à ma requête[4] ?

CAPULET. – Je ne puis que redire ce que j'ai déjà dit. Mon enfant est encore étrangère au monde ; elle n'a pas encore vu la fin de ses quatorze ans ; laissons deux étés encore se flétrir dans leur orgueil, avant de la juger mûre pour le mariage.

PÂRIS. – De plus jeunes qu'elles sont déjà d'heureuses mères.

Notes

1. ***frappé de cécité :*** rendu aveugle.
2. ***insolvable :*** sans pouvoir payer mes dettes.
3. ***sous une égale caution :*** par le même engagement.
4. ***à ma requête :*** à ma demande.

CAPULET. – Trop vite étiolées[1] sont ces mères trop précoces[2]… La terre a englouti toutes mes espérances ; Juliette seule, Juliette est la reine espérée de ma terre. Courtisez-la, gentil Pâris, obtenez son cœur ; mon bon vouloir n'est que la conséquence de son assentiment[3] ; si vous lui agréez[4], c'est de son choix que dépendent mon approbation[5] et mon plein consentement[6]… Je donne ce soir une fête, consacrée par un vieil usage[7], à laquelle j'invite ceux que j'aime ; vous serez le très bienvenu, si vous voulez être du nombre. Ce soir, dans ma pauvre demeure, attendez-vous à contempler des étoiles qui, tout en foulant la terre, éclipseront[8] la clarté des cieux. Les délicieux transports[9] qu'éprouvent les jeunes galants[10] alors qu'avril tout pimpant arrive sur les talons de l'imposant hiver, vous les ressentirez ce soir chez moi, au milieu de ces fraîches beautés en bouton. Écoutez-les toutes, voyez-les toutes, et donnez la préférence à celle qui la méritera. Ma fille sera une de celles que vous verrez, et, si elle ne se fait pas compter, elle peut du moins faire nombre. Allons, venez avec moi… *(Au valet.)* Holà, maraud ! tu vas te démener à travers notre belle Vérone ; tu iras trouver les personnes dont les noms sont écrits ici, et tu leur diras que ma maison et mon hospitalité sont mises à leur disposition. *(Il remet un papier au valet et sort avec Pâris.)*

LE VALET, *seul, les yeux fixés sur le papier.* – Trouver les gens dont les noms sont écrits ici ? Il est écrit… que le cordonnier doit se servir de son aune[11], le tailleur de son alêne[12], le pêcheur

Notes

1. *étiolées :* fanées.
2. *mères trop précoces :* qui n'ont pas l'âge ordinaire de la maternité.
3. *assentiment :* accord.
4. *si vous lui agréez :* si vous lui convenez.
5. *approbation :* acceptation.
6. *consentement :* accord.
7. *consacrée par un vieil usage :* instituée depuis longtemps.
8. *éclipseront :* surpasseront par un plus grand éclat.
9. *transports :* émotions amoureuses.
10. *jeunes galants :* jeunes gens qui recherchent les aventures amoureuses.
11. *aune :* règle à mesurer la longueur.
12. *alêne :* poinçon servant à percer le cuir (le valet ignorant intervertit les outils de chaque métier).

de ses pinceaux et le peintre de ses filets; mais moi, on veut que j'aille trouver les personnes dont les noms sont écrits ici, quand je ne peux même pas trouver quels noms a écrits ici l'écrivain! Il faut que je m'adresse aux savants… Heureuse rencontre!

Entrent Benvolio et Roméo.

BENVOLIO. – Bah! mon cher, une inflammation éteint une autre inflammation; une peine est amoindrie par les angoisses d'une autre peine. La tête te tournera-t-elle? tourne en sens inverse, et tu te remettras… Une douleur désespérée se guérit par les langueurs[1] d'une douleur nouvelle; que tes regards aspirent un nouveau poison, et l'ancien perdra son action vénéneuse.

ROMÉO, *ironiquement.* – La feuille de plantain[2] est excellente pour cela.

BENVOLIO. – Pourquoi, je te prie?

ROMÉO. – Pour une jambe cassée.

BENVOLIO. – Çà, Roméo, es-tu fou?

ROMÉO. – Pas fou précisément, mais lié plus durement qu'un fou; je suis tenu en prison, mis à la diète[3], flagellé[4], tourmenté et… *(Au valet.)* Bonsoir, mon bon ami.

LE VALET. – Dieu vous donne le bonsoir!… Dites-moi, monsieur, savez-vous lire?

ROMÉO. – Oui, ma propre fortune[5] dans ma misère.

LE VALET. – Peut-être avez-vous appris ça sans livre; mais, dites-moi, savez-vous lire le premier écrit venu?

ROMÉO. – Oui, si j'en connais les lettres et la langue.

Notes

1. *langueurs :* affaiblissement produit par la souffrance.
2. *feuille de plantain :* plante dont les graines servent à nourrir les oiseaux en cage.
3. *mis à la diète :* mis au régime.
4. *flagellé :* battu à coups de fouet.
5. *fortune :* destin.

LE VALET. – Vous parlez congrûment[1]. Le ciel vous tienne en joie! *(Il va pour se retirer.)*

ROMÉO, *le rappelant.* – Arrête, l'ami, je sais lire. *(Il prend le papier des mains du valet et lit :)* «Le signor *Martino*, sa femme et ses filles; le comte *Anselme* et ses charmantes sœurs; la veuve du signor *Vitruvio*; le signor *Placentio* et ses aimables nièces; *Mercutio* et son frère *Valentin*; mon oncle *Capulet*, sa femme et ses filles; ma jolie nièce *Rosaline*; *Livia*; le signor *Valentio* et son cousin *Tybalt*; *Lucio* et la vive *Héléna.*» *(Rendant le papier.)* Voilà une belle assemblée. Où doit-elle se rendre?

LE VALET. – Là-haut.

ROMÉO. – Où cela?

LE VALET. – Chez nous, à souper.

ROMÉO. – Chez qui?

LE VALET. – Chez mon maître.

ROMÉO. – J'aurais dû commencer par cette question.

LE VALET. – Je vais tout vous dire sans que vous le demandiez : mon maître est le grand et riche Capulet; si vous n'êtes pas de la maison des Montagues, je vous invite à venir chez nous faire sauter un cruchon de vin... Dieu vous tienne en joie! *(Il sort.)*

BENVOLIO. – C'est l'antique fête des Capulets; la charmante Rosaline, celle que tu aimes tant, y soupera, ainsi que toutes les beautés admirées de Vérone; vas-y, puis, d'un œil impartial, compare son visage à d'autres que je te montrerai, et je te ferai convenir que ton cygne n'est qu'un corbeau.

ROMÉO. – Si jamais mon regard, en dépit d'une religieuse dévotion[2], proclamait un tel mensonge, que mes larmes se changent en flammes! et que mes yeux, restés vivants, quoique tant

Notes

1. *congrûment :* correctement.

2. *en dépit d'une religieuse dévotion :* malgré un respect religieux.

de fois noyés, transparents hérétiques[1], soient brûlés comme imposteurs ! Une femme plus belle que ma bien-aimée ! Le soleil qui voit tout n'a jamais vu son égale depuis qu'a commencé le monde !

BENVOLIO. – Bah ! vous l'avez vue belle, parce que vous l'avez vue seule ; pour vos yeux, elle n'avait d'autre contrepoids qu'elle-même ; mais, dans ces balances cristallines[2], mettez votre bien-aimée en regard de telle autre beauté que je vous montrerai toute brillante à cette fête, et elle n'aura plus cet éclat qu'elle a pour vous aujourd'hui.

ROMÉO. – Soit ! J'irai, non pour voir ce que tu dis, mais pour jouir de la splendeur de mon adorée. *(Ils sortent.)*

SCÈNE 3

Dans la maison de Capulet. Entrent Lady Capulet et la nourrice.

LADY CAPULET. – Nourrice, où est ma fille ? Appelle-la.

LA NOURRICE. – Eh ! par ma virginité de douze ans, je lui ai dit de venir… *(Appelant.)* Allons, mon agneau ! allons, mon oiselle ! Dieu me pardonne !… Où est donc cette fille ?… Allons, Juliette !

Entre Juliette.

JULIETTE. – Eh bien, qui m'appelle ?

LA NOURRICE. – Votre mère.

JULIETTE. – Me voici, madame. Quelle est votre volonté ?

LADY CAPULET. – Voici la chose… Nourrice, laisse-nous un peu ; nous avons à causer en secret… *(La nourrice va pour sortir.)*

Notes

1. ***hérétiques :*** qui soutiennent une doctrine contraire à la religion admise (ici, qui soutiendraient que Rosaline n'est pas la plus belle).

2. ***balances cristallines :*** balances de la justice constituées par les yeux (les yeux jugent la beauté…).

Non, reviens, nourrice; je me suis ravisée[1], tu assisteras à notre conciliabule[2]. Tu sais que ma fille est d'un joli âge.

LA NOURRICE. – Ma foi, je puis dire son âge à une heure près.

LADY CAPULET. – Elle n'a pas quatorze ans.

LA NOURRICE. – Je parierais quatorze de mes dents, et, à ma grande douleur, je n'en ai plus que quatre, qu'elle n'a pas quatorze ans… Combien y a-t-il d'ici à la Saint-Pierre-ès-Liens[3] ?

LADY CAPULET. – Une quinzaine au moins.

LA NOURRICE. – Au moins ou au plus, n'importe! Entre tous les jours de l'année, c'est précisément la veille au soir de la Saint-Pierre-ès-Liens qu'elle aura quatorze ans. Suzanne et elle, Dieu garde toutes les âmes chrétiennes! étaient du même âge… Oui, à présent, Suzanne est avec Dieu : elle était trop bonne pour moi; mais, comme je disais, la veille au soir de la Saint-Pierre-ès-Liens elle aura quatorze ans; elle les aura, ma parole. Je m'en souviens bien. Il y a maintenant onze ans du tremblement de terre; et elle fut sevrée[4], je ne l'oublierai jamais, entre tous les jours de l'année, précisément ce jour-là; car j'avais mis de l'absinthe[5] au bout de mon sein, et j'étais assise au soleil contre le mur du pigeonnier; monseigneur et vous, vous étiez alors à Mantoue… Oh! j'ai le cerveau solide!… Mais, comme je disais, dès qu'elle eut goûté l'absinthe au bout de mon sein et qu'elle en eut senti l'amertume, il fallait voir comme la petite folle, toute furieuse, s'est emportée contre le téton! Tremble, fit le pigeonnier; il n'était pas besoin, je vous jure, de me dire de décamper[6]… Et il y a onze ans de ça; car alors elle pouvait se tenir toute seule; oui, par la sainte croix, elle pouvait courir et trottiner tout partout; car, tenez, la veille même, elle s'était cogné le front;

Notes

1. *je me suis ravisée :* j'ai changé d'avis.
2. *conciliabule :* conversation privée, à voix basse.
3. *Saint-Pierre-ès-Liens :* fête catholique.
4. *elle fut sevrée :* elle a cessé d'être allaitée par la nourrice.
5. *absinthe :* liqueur alcoolisée très forte.
6. *décamper :* s'enfuir.

et alors mon mari, Dieu soit avec son âme! c'était un homme bien gai! releva l'enfant : *Oui-da*, dit-il, *tu tombes sur la face? Quand tu auras plus d'esprit, tu tomberas sur le dos; n'est-ce pas, Juju?* Et, par Notre-Dame, la petite friponne cessa de pleurer et dit : *Oui!* Voyez donc à présent comme une plaisanterie vient à point! Je garantis que, quand je vivrais mille ans, je n'oublierais jamais ça : *N'est-ce pas, Juju?* fit-il; et la petite folle s'arrêta et dit : *Oui!*

LADY CAPULET. – En voilà assez; je t'en prie, tais-toi.

LA NOURRICE. – Oui, madame; pourtant je ne peux pas m'empêcher de rire quand je songe qu'elle cessa de pleurer et dit : *Oui!* Et pourtant je garantis qu'elle avait au front une bosse aussi grosse qu'une coque de jeune poussin, un coup terrible! et elle pleurait amèrement. *Oui-da,* fit mon mari, *tu tombes sur la face? Quand tu seras d'âge, tu tomberas sur le dos : n'est-ce pas, Juju?* Et elle s'arrêta et dit : *Oui!*

JULIETTE. – Arrête-toi donc aussi, je t'en prie, nourrice!

LA NOURRICE. – Paix! j'ai fini. Que Dieu te marque de sa grâce! Tu étais le plus joli poupon que j'aie jamais nourri; si je puis vivre pour te voir marier un jour, je serai satisfaite.

LADY CAPULET. – Voilà justement le sujet dont je viens l'entretenir... Dis-moi, Juliette, ma fille, quelle disposition te sens-tu pour le mariage?

JULIETTE. – C'est un honneur auquel je n'ai pas même songé.

LA NOURRICE. – Un honneur! Si je n'étais pas ton unique nourrice, je dirais que tu as sucé la sagesse avec le lait.

LADY CAPULET. – Eh bien, songez au mariage, dès à présent; de plus jeunes que vous, dames fort estimées, ici à Vérone même, sont déjà devenues mères; si je ne me trompe, j'étais mère moi-même avant l'âge où vous êtes fille encore. En deux mots, voici : le vaillant Pâris vous recherche pour sa fiancée.

LA NOURRICE. – Voilà un homme, ma jeune dame ! un homme comme le monde entier… Quoi ! c'est un homme en cire !

LADY CAPULET. – Le parterre de Vérone n'offre pas une fleur pareille.

LA NOURRICE. – Oui, ma foi, il est la fleur du pays[1], la fleur par excellence.

LADY CAPULET. – Qu'en dites-vous ? Pourrez-vous aimer ce gentilhomme ? Ce soir vous le verrez à notre fête ; lisez alors sur le visage du jeune Pâris, et observez toutes les grâces qu'y a tracées la plume de la beauté ; examinez ces traits si bien mariés, et voyez quel charme chacun prête à l'autre ; si quelque chose reste obscur en cette belle page, vous le trouverez éclairci sur la marge de ses yeux. Ce précieux livre d'amour, cet amant jusqu'ici détaché, pour être parfait, n'a besoin que d'être relié !… Le poisson brille sous la vague, et c'est la splendeur suprême pour le beau extérieur de receler[2] le beau intérieur ; aux yeux de beaucoup, il n'en est que plus magnifique, le livre qui d'un fermoir d'or étreint la légende d'or ! Ainsi, en l'épousant, vous aurez part à tout ce qu'il possède, sans que vous-même soyez en rien diminuée.

LA NOURRICE. – Elle, diminuer ! Elle grossira, bien plutôt. Les femmes s'arrondissent auprès des hommes !

LADY CAPULET, *à Juliette.* – Bref, dites-moi si vous répondrez à l'amour de Pâris.

JULIETTE. – Je verrai à l'aimer, s'il suffit de voir pour aimer : mais mon attention à son égard ne dépassera pas la portée que lui donneront vos encouragements.

Entre un valet.

LE VALET. – Madame, les invités sont venus, le souper est servi ; on vous appelle ; on demande mademoiselle ; on maudit la

Notes

1. *la fleur du pays :* ce que le pays a de mieux.

2. *receler :* renfermer secrètement.

nourrice à l'office ; et tout est terminé. Il faut que je m'en aille pour servir ; je vous en conjure, venez vite.

LADY CAPULET. – Nous te suivons. Juliette, le comte nous attend.

LA NOURRICE. – Va, fillette, va ajouter d'heureuses nuits à tes heureux jours. *(Tous sortent.)*

SCÈNE 4

Une place sur laquelle est située la maison de Capulet. Entrent Roméo, costumé ; Mercutio, Benvolio, avec cinq ou six autres masques ; des gens portant des torches, et des musiciens.

ROMÉO. – Voyons, faut-il prononcer un discours pour nous excuser, ou entrer sans apologie[1] ?

BENVOLIO. – Ces harangues prolixes[2] ne sont plus de mode. Nous n'aurons pas de Cupidon aux yeux bandés d'une écharpe, portant un arc peint à la tartare[3], et faisant fuir les dames comme un épouvantail ; pas de prologue appris par cœur et mollement débité à l'aide d'un souffleur, pour préparer notre entrée. Qu'ils nous estiment dans la mesure qu'il leur plaira ; nous leur danserons une mesure, et nous partirons.

ROMÉO. – Qu'on me donne une torche ! Je ne suis pas en train pour gambader ! Sombre comme je suis, je veux porter la lumière.

MERCUTIO. – Ah ! mon doux Roméo, nous voulions que vous dansiez.

ROMÉO. – Non, croyez-moi : vous avez tous la chaussure de bal et le talon léger : moi, j'ai une âme de plomb qui me cloue au sol et m'ôte le talent de remuer.

Notes

1. *sans apologie :* simplement.
2. *harangues prolixes :* discours trop longs et ennuyeux.
3. *arc peint à la tartare :* arc décoré comme ceux des peuples nomades d'Asie centrale.

MERCUTIO. – Vous êtes amoureux; empruntez à Cupidon ses ailes, et vous dépasserez dans votre vol notre vulgaire essor[1].

ROMÉO. – Ses flèches m'ont trop cruellement blessé pour que je puisse m'élancer sur ses ailes légères; enchaîné comme je le suis, je ne saurais m'élever au-dessus d'une immuable[2] douleur, je succombe sous l'amour qui m'écrase.

MERCUTIO. – Prenez le dessus et vous l'écraserez : le délicat enfant sera bien vite accablé par vous.

ROMÉO. – L'amour, un délicat enfant! Il est brutal, rude, violent! il écorche comme l'épine.

MERCUTIO. – Si l'amour est brutal avec vous, soyez brutal avec lui; écorchez l'amour qui vous écorche, et vous le dompterez. *(Aux valets.)* Donnez-moi un étui à mettre mon visage! *(Se masquant.)* Un masque sur un masque! Peu m'importe à présent qu'un regard curieux cherche à découvrir mes laideurs! Voilà d'épais sourcils qui rougiront pour moi!

BENVOLIO. – Allons, frappons et entrons; aussitôt dedans, que chacun ait recours à ses jambes.

ROMÉO. – À moi une torche! Que les galants au cœur léger agacent du pied la natte insensible. Pour moi, je m'accommode d'une phrase de grand-père : je tiendrai la chandelle et je regarderai... À vos brillants ébats mon humeur noire ferait tache.

MERCUTIO. – Bah! la nuit tous les chats sont gris! Si tu es en humeur noire, nous te tirerons, sauf respect, du bourbier de cet amour où tu patauges jusqu'aux oreilles... Allons vite. Nous usons notre éclairage de jour...

ROMÉO. – Comment cela?

MERCUTIO. – Je veux dire, messire, qu'en nous attardant nous consumons nos lumières en pure perte, comme des lampes

Notes

1. *essor :* envol.

2. *immuable :* permanente.

en plein jour… Ne tenez compte que de ma pensée : notre mérite est cinq fois dans notre intention pour une fois qu'il est dans notre bel esprit.

ROMÉO. – En allant à cette mascarade[1], nous avons bonne intention, mais il y a peu d'esprit à y aller.

MERCUTIO. – Peut-on demander pourquoi ?

ROMÉO. – J'ai fait un rêve cette nuit.

MERCUTIO. – Et moi aussi.

ROMÉO. – Eh bien ! qu'avez-vous rêvé ?

MERCUTIO. – Que souvent les rêveurs sont mis dedans !

ROMÉO. – Oui, dans le lit où, tout en dormant, ils rêvent la vérité.

MERCUTIO. – Oh ! je vois bien, la reine Mab vous a fait visite. Elle est la fée accoucheuse et elle arrive, pas plus grande qu'une agate[2] à l'index d'un alderman[3], traînée par un attelage de petits atomes à travers les nez des hommes qui gisent endormis. Les rayons des roues de son char sont faits de longues pattes de faucheux[4] ; la capote, d'ailes de sauterelles ; les rênes, de la plus fine toile d'araignée ; les harnais, d'humides rayons de lune. Son fouet, fait d'un os de grillon, a pour corde un fil de la Vierge. Son cocher est un petit cousin[5] en livrée grise, moins gros de moitié qu'une petite bête ronde tirée avec une épingle du doigt paresseux d'une servante. Son chariot est une noisette, vide, taillée par le menuisier écureuil ou par le vieux ciron[6], carrossier immémorial[7] des fées. C'est dans cet apparat qu'elle galope de nuit en nuit à travers les cerveaux

Notes

1. ***mascarade*** : fête où l'on porte un masque.
2. ***agate*** : pierre semi-précieuse.
3. ***alderman*** : en Angleterre, officier municipal élu chargé des fonctions judiciaires de police.
4. ***faucheux*** : sorte d'araignée à longues pattes.
5. ***cousin*** : moustique.
6. ***ciron*** : animal minuscule.
7. ***immémorial*** : très ancien.

des amants qui alors rêvent d'amour, sur les genoux des courtisans qui rêvent aussitôt de courtoisies, sur les doigts des gens de loi qui aussitôt rêvent d'honoraires, sur les lèvres des dames qui rêvent de baisers aussitôt ! Ces lèvres, Mab les crible souvent d'ampoules, irritée de ce que leur haleine est gâtée par quelque pommade. Tantôt elle galope sur le nez d'un solliciteur, et vite il rêve qu'il flaire une place ; tantôt elle vient avec la queue d'un cochon de la dîme[1] chatouiller la narine d'un curé endormi, et vite il rêve d'un autre bénéfice[2] ; tantôt elle passe sur le cou d'un soldat, et alors il rêve de gorges ennemies coupées, de brèches, d'embuscades, de lames espagnoles, de rasades profondes de cinq brasses[3], et puis de tambours battant à son oreille ; sur quoi il tressaille, s'éveille, et, ainsi alarmé, jure une prière ou deux, et se rendort. C'est cette même Mab qui, la nuit, tresse la crinière des chevaux et dans les poils emmêlés durcit ces nœuds magiques qu'on ne peut débrouiller sans encourir malheur. C'est la stryge[4] qui, quand les filles sont couchées sur le dos, les étreint et les habitue à porter leur charge pour en faire des femmes à solide carrure. C'est elle…

ROMÉO. – Paix, paix, Mercutio, paix. Tu nous parles de riens !

MERCUTIO. – En effet, je parle des rêves, ces enfants d'un cerveau en délire, que peut seule engendrer l'hallucination, aussi insubstantielle[5] que l'air, et plus variable que le vent qui caresse en ce moment le sein glacé du nord, et qui, tout à l'heure, s'échappant dans une bouffée de colère, va se tourner vers le midi encore humide de rosée !

BENVOLIO. – Ce vent dont vous parlez nous emporte hors de nous-mêmes : le souper est fini et nous arriverons trop tard.

Notes

1. *dîme :* impôt versé à l'Église.
2. *bénéfice :* revenu provenant d'une charge ecclésiastique.
3. *brasses :* la brasse est une mesure de longueur pour les marins (entre 1,66 m et 1,83 m).
4. *stryge :* vampire tenant de la femme et de la chienne.
5. *insubstantielle :* immatérielle.

ROMÉO. – Trop tôt, j'en ai peur ! Mon âme pressent qu'une amère catastrophe, encore suspendue à mon étoile, aura pour date funeste cette nuit de fête, et terminera la méprisable existence contenue dans mon sein par le coup sinistre d'une mort prématurée. Mais que Celui qui est le nautonier[1] de ma destinée dirige ma voile !... En avant, joyeux amis !

BENVOLIO. – Battez, tambours ! *(Ils sortent.)*

SCÈNE 5

Une salle dans la maison de Capulet.
Entrent plusieurs valets portant des serviettes.

PREMIER VALET. – Où est donc Laterrine, qu'il ne m'aide pas à desservir ? Lui, soulever une assiette ! Lui, frotter une table ! Fi donc !

DEUXIÈME VALET. – Quand le soin d'une maison est confié aux mains d'un ou deux hommes, et que ces mains ne sont même pas lavées, c'est une sale chose.

PREMIER VALET. – Dehors les tabourets !... Enlevez le buffet !... Attention à l'argenterie... *(À l'un de ses camarades.)* Mon bon, mets-moi de côté un massepain[2] ; et, si tu m'aimes, dis au portier de laisser entrer Suzanne Lameule et Nelly... Antoine ! Laterrine !

TROISIÈME VALET. – Voilà, mon garçon ! présent !

PREMIER VALET. – On vous attend, on vous appelle, on vous demande, on vous cherche dans la grande chambre.

TROISIÈME VALET. – Nous ne pouvons pas être ici et là... Vivement, mes enfants ; mettez-y un peu d'entrain, et que le dernier restant emporte tout. *(Ils se retirent.)*

Notes

1. ***nautonier*** : pilote d'un navire ou d'une barque.

2. ***massepain*** : petit biscuit rond.

Entrent le vieux Capulet, puis, parmi la foule des convives, Tybalt, Juliette et la nourrice ; enfin Roméo, accompagné de ses amis, tous masqués. Les valets vont et viennent.

CAPULET. – Messieurs, soyez les bienvenus ! Celles de ces dames qui ne sont pas affligées de cors aux pieds vont vous donner de l'exercice !... Ah ! ah ! mes donzelles ! qui de vous toutes refusera de danser à présent ? Celle qui fera la mijaurée[1], celle-là, je jurerai qu'elle a des cors ! Eh ! je vous prends par l'endroit sensible, n'est-ce pas ? *(À de nouveaux arrivants.)* Vous êtes les bienvenus, messieurs... J'ai vu le temps où, moi aussi, je portais un masque et où je savais chuchoter à l'oreille des belles dames de ces mots qui les charment : ce temps-là n'est plus, il n'est plus, il n'est plus ! *(À de nouveaux arrivants.)* Vous êtes les bienvenus, messieurs... Allons, musiciens, jouez ! Salle nette pour le bal ! Qu'on fasse place ! et en avant, jeunes filles ! *(La musique joue. Les danses commencent. Aux valets.)* Encore des lumières, marauds. Redressez ces tables, et éteignez le feu ; il fait trop chaud ici. *(À son cousin Capulet, qui arrive.)* Ah ! mon cher, ce plaisir inespéré est d'autant mieux venu... Asseyez-vous, asseyez-vous, bon cousin Capulet ; car vous et moi, nous avons passé nos jours de danse. Combien de temps y a-t-il depuis le dernier bal où vous et moi nous étions masqués ?

DEUXIÈME CAPULET. – Trente ans, par Notre-Dame !

PREMIER CAPULET. – Bah ! mon cher ! pas tant que ça ! pas tant que ça ! C'était à la noce de Lucentio. Vienne la Pentecôte aussi vite qu'elle voudra, il y aura de cela quelque vingt-cinq ans ; et cette fois nous étions masqués.

DEUXIÈME CAPULET. – Il y a plus longtemps, il y a plus longtemps : son fils est plus âgé, messire ; son fils a trente ans.

PREMIER CAPULET. – Pouvez-vous dire ça ! Son fils était encore mineur il y a deux ans.

Note

1. ***mijaurée*** **:** femme ou jeune fille qui fait des manières.

ROMÉO, *à un valet, montrant Juliette.* – Quelle est cette dame qui enrichit la main de ce cavalier, là-bas ?

LE VALET. – Je ne sais pas, monsieur.

ROMÉO. – Oh ! elle apprend aux flambeaux à illuminer ! Sa beauté est suspendue à la face de la nuit comme un riche joyau à l'oreille d'une Éthiopienne ! Beauté trop précieuse pour la possession, trop exquise pour la terre ! Telle la colombe de neige dans une troupe de corneilles, telle apparaît cette jeune dame au milieu de ses compagnes. Cette danse finie, j'épierai la place où elle se tient, et je donnerai à ma main grossière le bonheur de toucher la sienne. Mon cœur a-t-il aimé jusqu'ici ? Non ; jurez-le, mes yeux ! Car jusqu'à ce soir, je n'avais pas vu la vraie beauté.

TYBALT, *désignant Roméo.* – Je reconnais cette voix ; ce doit être un Montague… *(À un page.)* Va me chercher ma rapière, page ! Quoi ! le misérable ose venir ici, couvert d'un masque grotesque, pour insulter et narguer notre solennité ? Ah ! par l'antique honneur de ma race, je ne crois pas qu'il y ait péché à l'étendre mort !

PREMIER CAPULET, *s'approchant de Tybalt.* – Eh bien ! qu'as-tu donc, mon neveu ? Pourquoi cette tempête ?

TYBALT. – Mon oncle, voici un Montague, un de nos ennemis, un misérable qui est venu ici par bravade insulter à notre soirée solennelle.

PREMIER CAPULET. – N'est-ce pas le jeune Roméo ?

TYBALT. – C'est lui, ce misérable Roméo !

PREMIER CAPULET. – Du calme, gentil cousin ! laisse-le tranquille ; il a les manières du plus courtois gentilhomme ; et, à dire vrai, Vérone est fière de lui, comme d'un jouvenceau[1] vertueux et bien élevé. Je ne voudrais pas, pour toutes les richesses de cette ville, qu'ici, dans ma maison, il lui fût fait

Note

1. *jouvenceau :* jeune homme.

une avanie[1]. Aie donc patience, ne fais pas attention à lui, c'est ma volonté ; si tu la respectes, prends un air gracieux et laisse là cette mine farouche qui sied mal dans une fête.

TYBALT. – Elle sied bien dès qu'on a pour hôte un tel misérable ; je ne le tolérerai pas !

PREMIER CAPULET. – Vous le tolérerez ! Qu'est-ce à dire, monsieur le freluquet[2] ! J'entends que vous le tolériez… Allons donc ! Qui est le maître ici, vous ou moi ? Allons donc ! Vous ne le tolérerez pas ! Dieu me pardonne ! Vous voulez soulever une émeute au milieu de mes hôtes ! Vous voulez mettre le vin en perce[3] ! Vous voulez faire l'homme !

TYBALT. – Mais, mon oncle, c'est une honte.

PREMIER CAPULET. – Allons, allons, vous êtes un insolent garçon. En vérité, cette incartade[4] pourrait vous coûter cher. Je sais ce que je dis… Il faut que vous me contrariiez !… Morbleu ! c'est le moment !… *(Aux danseurs.)* À merveille, mes chers cœurs !… *(À Tybalt.)* Vous êtes un faquin[5] … Restez tranquille, sinon… *(Aux valets.)* Des lumières ! encore des lumières ! par décence ! *(À Tybalt.)* Je vous ferai rester tranquille, allez ! *(Aux danseurs.)* De l'entrain, mes petits cœurs !

TYBALT. – La patience qu'on m'impose lutte en moi avec une colère obstinée, et leur choc fait trembler tous mes membres… Je vais me retirer ; mais cette fureur rentrée, qu'en ce moment on croit adoucie, se convertira en fiel amer[6]. *(Il sort.)*

ROMÉO, *prenant la main de Juliette.* – Si j'ai profané[7] avec mon indigne main cette châsse sacrée[8], je suis prêt à une douce

Notes

1. ***avanie :*** affront.
2. ***freluquet :*** jeune homme prétentieux.
3. ***mettre le vin en perce :*** faire un trou dans un tonneau pour en tirer le vin.
4. ***incartade :*** désobéissance.
5. ***faquin :*** homme impertinent.
6. ***en fiel amer :*** en bile, c'est-à-dire ici en désir de vengeance.
7. ***profané :*** violé le caractère sacré.
8. ***châsse sacrée :*** coffret qui contient des reliques ou des objets précieux.

pénitence : permettez à mes lèvres, comme à deux pèlerins[1] rougissants, d'effacer ce grossier attouchement par un tendre baiser.

JULIETTE. – Bon pèlerin, vous êtes trop sévère pour votre main qui n'a fait preuve en ceci que d'une respectueuse dévotion[2]. Les saintes mêmes ont des mains que peuvent toucher les mains des pèlerins ; et cette étreinte est un pieux baiser.

ROMÉO. – Les saintes n'ont-elles pas des lèvres, et les pèlerins aussi ?

JULIETTE. – Oui, pèlerin, des lèvres vouées à la prière.

ROMÉO. – Oh ! alors, chère sainte, que les lèvres fassent ce que font les mains. Elles te prient ; exauce-les[3], de peur que leur foi ne se change en désespoir.

JULIETTE. – Les saintes restent immobiles, tout en exauçant les prières.

ROMÉO. – Restez donc immobile, tandis que je recueillerai l'effet de ma prière. *(Il l'embrasse sur la bouche.)* Vos lèvres ont effacé le péché des miennes.

JULIETTE. – Mes lèvres ont gardé pour elles le péché qu'elles ont pris des vôtres.

ROMÉO. – Vous avez pris le péché de mes lèvres ? Ô reproche charmant ! Alors rendez-moi mon péché. *(Il l'embrasse encore.)*

JULIETTE. – Vous avez l'art des baisers.

LA NOURRICE, *à Juliette.* – Madame, votre mère voudrait vous dire un mot. *(Juliette se dirige vers Lady Capulet.)*

Notes

1. ***pèlerins :*** fidèles qui effectuent un voyage religieux.
2. ***respectueuse dévotion :*** respect religieux.
3. ***exauce-les :*** accorde ce qu'elles demandent.

Juliette (Olivia Hussey) et Roméo (Leonard Whiting) dans le film *Roméo et Juliette* de Franco Zeffirelli (Italie, 1968).

ROMÉO, *à la nourrice.* – Qui donc est sa mère ?

LA NOURRICE. – Eh bien, bachelier[1], sa mère est la maîtresse de la maison, une bonne dame, et sage et vertueuse ; j'ai nourri sa fille, celle avec qui vous causiez ; je vais vous dire : celui qui parviendra à mettre la main sur elle pourra faire sonner les écus.

Note

1. *bachelier :* jeune homme.

Le bal chez les Capulets. Gravure du XIXe siècle.

ROMÉO. – C'est une Capulet! Ô trop chère créance[1]! Ma vie est due à mon ennemie!

BENVOLIO, *à Roméo.* – Allons, partons; la fête est à sa fin.

ROMÉO, *à part.* – Hélas! oui, et mon trouble est à son comble.

PREMIER CAPULET, *aux invités qui se retirent.* – Çà, messieurs, n'allez pas nous quitter encore : nous avons un méchant petit souper qui se prépare... Vous êtes donc décidés?... Eh bien, alors je vous remercie tous... Je vous remercie, honnêtes gentilshommes. Bonne nuit. Des torches par ici!... Allons, mettons-nous au lit! *(À son cousin Capulet.)* Ah! ma foi, mon cher, il se fait tard : je vais me reposer. *(Tous sortent, excepté Juliette et la nourrice.)*

JULIETTE. – Viens ici, nourrice : quel est ce gentilhomme, là-bas?

LA NOURRICE. – C'est le fils et l'héritier du vieux Tibério.

JULIETTE. – Quel est celui qui sort à présent?

LA NOURRICE. – Ma foi, je crois que c'est le jeune Pétruchio.

JULIETTE, *montrant Roméo.* – Quel est cet autre qui suit et qui n'a pas voulu danser?

LA NOURRICE. – Je ne sais pas.

JULIETTE. – Va demander son nom. *(La nourrice s'éloigne un moment.)* S'il est marié, mon cercueil pourrait bien être mon lit nuptial.

LA NOURRICE, *revenant.* – Son nom est Roméo; c'est un Montague, le fils unique de votre grand ennemi.

JULIETTE. – Mon unique amour émane de mon unique haine! Je l'ai vu trop tôt sans le connaître et je l'ai connu trop tard. Il m'est né un prodigieux amour, puisque je dois aimer un ennemi exécré[2]!

Notes

1. *trop chère créance :* dette trop élevée.

2. *exécré :* détesté.

LA NOURRICE. – Que dites-vous ? que dites-vous ?

JULIETTE. – Une strophe que vient de m'apprendre un de mes danseurs. *(Voix au-dehors appelant Juliette.)*

LA NOURRICE. – Tout à l'heure ! tout à l'heure !… Allons-nous-en ; tous les étrangers sont partis.

Au fil du texte

Questions sur l'acte I (pp. 11 à 43)

AVEZ-VOUS BIEN LU ?

Le prologue

Le prologue est la partie d'un spectacle théâtral qui précède la pièce proprement dite et dans laquelle un personnage vient présenter le sujet avant l'entrée du chœur. Shakespeare fait dire ici le prologue par le chœur.

1. Pourquoi les Capulets et les Montagues se battent-ils (prologue page 11 et scène 1) ?

2. De quoi les menace le prince Escalus s'ils ne mettent pas fin à leurs combats (scène 1) ?

3. Dans quelle disposition d'esprit est Roméo au début de la pièce et pourquoi (scène 1) ?

4. Pourquoi Capulet ne veut-il pas donner sa fille Juliette en mariage à Pâris (scène 2) ?

5. Que demande Lady Capulet à sa fille (scène 3) ?

6. Qu'est-ce qui permet à Roméo et à ses amis d'entrer à la fête des Capulets (scène 4) ?

7. Qui est Tybalt ? Pourquoi se montre-t-il agressif envers Roméo (scène 5) ?

8. Roméo et Juliette se connaissaient-ils avant cette fête chez les Capulets (scène 5) ?

Étudier le vocabulaire et la grammaire

9 Expliquez le jeu de mots au début de la scène 1 entre « *brocard* » et « *brocart* ». À quel procédé théâtral correspond-il ? Relevez un autre jeu de mots du même type dans la scène 1 et expliquez-le.

10 Relevez et nommez le champ lexical* dominant dans le dialogue entre Roméo et Juliette (scène 5, l. 693 à 717).

***champ lexical* :** ensemble des mots ou expressions qui se rapportent au même thème, quelle que soit leur classe grammaticale : nom, adjectif, verbe, etc.

Étudier le discours

11 Par qui est composé le chœur* (prologue, p. 11) ? À qui s'adresse-t-il ? Relevez les mots précis qui l'indiquent.

12 Quelle est la fonction de la tirade du chœur dans le prologue ? Le chœur intervient-il de nouveau dans la suite de la pièce ? Quand et pourquoi ?

***chœur* :** dans le théâtre antique, groupe de personnes qui chantent et dansent, commentent l'action tragique et expriment les sentiments du peuple.

Théâtre dans le théâtre

Procédé baroque qui consiste à insérer dans une œuvre théâtrale un élément qui la reflète, comme une représentation théâtrale, par exemple.

13 En quoi la réplique de Benvolio : « *Ces harangues prolixes* […] *et nous partirons* » (scène 4, l. 482 à 488) constitue-t-elle du « théâtre dans le théâtre » ? Relevez le champ lexical du spectacle dans cette réplique.

Étudier le genre : un drame shakespearien

14 Quelles caractéristiques font de ce texte une tragédie ? Quelles autres font qu'il échappe à ce genre dramatique ?

15 Quels sont les passages comiques ? D'où provient le comique : langage, thèmes, caractères, jeux de scène, etc. ?

16 L'acte I relève-t-il davantage, selon vous, de la tragédie ou de la comédie ?

17 Quel est l'effet produit sur les spectateurs par ce mélange des registres* ?

registre : tonalité donnée à un texte, liée au genre et à des procédés d'écriture, selon l'effet que l'on veut produire sur le destinataire : comique, lyrique, tragique, pathétique, etc.

Étudier l'écriture

18 Expliquez la comparaison entre Rosaline et Diane en faisant une recherche sur cette déesse latine (scène 1, l. 235 à 241).

19 Expliquez la métaphore* du livre employée par Lady Capulet pour présenter Pâris à Juliette (scène 3, l. 447 à 460).

20 Dans la tirade* de Mercutio sur *« la reine Mab »* (scène 4, l. 539 à 571), quel est le registre dominant ? Relevez les mots et expressions qui le prouvent. Quel pouvoir détient la reine Mab ?

métaphore : figure de style d'analogie qui met en relation de façon implicite deux éléments, le comparé et le comparant, sans outil de comparaison, pour constituer une « image ».

tirade : long discours en prose ou en vers prononcé par un personnage, sans être interrompu par son interlocuteur.

Étudier un thème : la rencontre amoureuse

21 Quand, où et comment l'amour naît-il entre Roméo et Juliette ? Étudiez les similitudes et les différences dans les comportements et les caractères de ces deux personnages.

22 Relevez les répliques qui montrent que cet amour est menacé.

Étudier l'extrait : un acte d'exposition

L'exposition

L'exposition est l'introduction d'une pièce de théâtre : elle expose le sujet, présente les personnages, précise le temps et le lieu de l'action, etc. On rencontre une scène d'exposition ou un acte d'exposition.

23 Rassemblez, sous forme de synthèse en un paragraphe, les principaux éléments d'information que cet acte apporte aux spectateurs sur les lieux, les personnages, les actions, les sentiments, etc.

24 Dans quel état d'esprit se trouvent les spectateurs à l'issue de cet acte ?

Lire l'image

25 En observant attentivement la gravure de la page 41 dont la scène se déroule à la fin de l'acte I, dites quels éléments du texte vous y retrouvez : décor, personnages, accessoires, actions, etc. Quels personnages concentrent l'attention des participants de cette fête ? Quelle disposition l'artiste a-t-il choisie pour que le regard du spectateur suive le même mouvement ? Que représente le tableau placé en vignette au-dessus ? Quel lien établissez-vous entre ces deux illustrations ?

À vos plumes !

26 Vous est-il arrivé de faire une rencontre inattendue qui a eu une influence sur votre vie ? Racontez dans quelles circonstances elle a eu lieu, puis expliquez pourquoi et en quoi cette rencontre a été importante pour vous.

27 À la manière de Mercutio dans sa tirade sur la reine Mab, imaginez un personnage fantastique et attribuez-lui une fonction. Présentez-le sous forme de discours poétique adressé à un destinataire de votre choix.

Gravure anglaise, XIXe siècle.

Acte II

PROLOGUE

Entre le chœur.

LE CHŒUR

Maintenant, le vieil amour agonise sur son lit de mort,
Et une passion nouvelle aspire à son héritage.
Cette belle pour qui notre amant gémissait et voulait mourir,
Comparée à la tendre Juliette, a cessé d'être belle.
Maintenant Roméo est aimé de celle qu'il aime :
Et tous deux sont ensorcelés par le charme de leurs regards.
Mais il a besoin de conter ses peines à son ennemie supposée,
Et elle dérobe ce doux appât d'amour sur un hameçon dangereux.
Traité en ennemi, Roméo ne peut avoir un libre accès
Pour soupirer ces vœux que les amants se plaisent à prononcer,
Et Juliette, tout aussi éprise, est plus impuissante encore
À se ménager une rencontre avec son amoureux.
Mais la passion leur donne la force, et le temps, l'occasion
De goûter ensemble d'ineffables[1] joies dans d'ineffables transes[2]. *(Il sort.)*

Notes

1. ***ineffables*** : qui ne peuvent être exprimées.

2. ***transes*** : angoisses.

SCÈNE 1

Une route aux abords du jardin de Capulet.
Roméo entre précipitamment.

ROMÉO, *montrant le mur du jardin.* – Puis-je aller plus loin, quand mon cœur est ici ? En arrière, masse terrestre, et retrouve ton centre. *(Il escalade le mur et disparaît.)*

Entrent Benvolio et Mercutio.

BENVOLIO. – Roméo ! mon cousin Roméo !

MERCUTIO. – Il a fait sagement. Sur ma vie, il s'est esquivé[1] pour gagner son lit.

BENVOLIO. – Il a couru de ce côté et sauté par-dessus le mur de ce jardin. Appelle-le, bon Mercutio.

MERCUTIO. – Je ferai plus ; je vais le conjurer[2]. Roméo ! caprice ! frénésie ! passion ! amour ! apparais-nous sous la forme d'un soupir ! Dis seulement un vers, et je suis satisfait ! Crie seulement *hélas !* accouple seulement *amour* avec *jour !* Rien qu'un mot aimable pour ma commère[3] Vénus[4] ! Rien qu'un sobriquet[5] pour son fils, pour son aveugle héritier, le jeune Adam Cupid[6], celui qui visa si juste, quand le roi Cophetua[7] s'éprit de la mendiante !… Il n'entend pas, il ne remue pas, il ne bouge pas. Il faut que ce babouin-là soit mort : évoquons-le. Roméo, je te conjure par les yeux brillants de Rosaline, par son front élevé et par sa lèvre écarlate, par son pied mignon, par sa jambe svelte, par sa cuisse frémissante, et par les domaines adjacents : apparais-nous sous ta propre forme !

BENVOLIO. – S'il t'entend, il se fâchera.

Notes

1. ***il s'est esquivé :*** il s'est retiré furtivement.
2. ***conjurer :*** prier avec insistance.
3. ***commère :*** amie.
4. ***Vénus :*** déesse romaine de l'amour.
5. ***sobriquet :*** surnom familier.
6. ***Adam Cupid :*** jeu de mot sur Cupidon.
7. ***Cophetua :*** héros d'une célèbre chanson de l'époque élisabéthaine.

MERCUTIO. – Cela ne peut pas le fâcher ; il se fâcherait avec raison, si je faisais surgir dans le cercle de sa maîtresse un démon d'une nature étrange que je laisserais en arrêt jusqu'à ce qu'elle l'eût désarmé par ses exorcismes[1]. Cela serait une offense : mais j'agis en enchanteur loyal et honnête ; et, au nom de sa maîtresse, c'est lui seul que je vais faire surgir.

BENVOLIO. – Allons ! il s'est enfoncé sous ces arbres pour y chercher une nuit assortie à son humeur. Son amour est aveugle, et n'est à sa place que dans les ténèbres.

MERCUTIO. – Si l'amour est aveugle, il ne peut pas frapper le but… Sans doute Roméo s'est assis au pied d'un pêcher, pour rêver qu'il le commet avec sa maîtresse. Bonne nuit, Roméo… Je vais trouver ma chère couchette ; ce lit de camp est trop froid pour que j'y dorme. Eh bien, partons-nous ?

BENVOLIO. – Oui, partons ; car il est inutile de chercher ici qui ne veut pas se laisser trouver. *(Ils sortent.)*

SCÈNE 2

Le jardin de Capulet. Sous les fenêtres de l'appartement de Juliette. Entre Roméo.

ROMÉO. – Il se rit des plaies, celui qui n'a jamais reçu de blessures ! *(Apercevant Juliette qui apparaît à une fenêtre.)* Mais doucement ! Quelle lumière jaillit par cette fenêtre ? Voilà l'Orient, et Juliette est le soleil ! Lève-toi, belle aurore, et tue la lune jalouse, qui déjà languit et pâlit de douleur, parce que toi, sa prêtresse, tu es plus belle qu'elle-même ! Ne sois plus sa prêtresse, puisqu'elle est jalouse de toi ; sa livrée de vestale[2] est maladive et blême[3], et les folles seules la portent :

Notes

1. ***exorcismes*** **:** prières destinées à chasser le démon.

2. ***livrée de vestale*** **:** costume de prêtresse de Vesta, la déesse romaine du foyer.

3. ***blême*** **:** très pâle.

rejette-la!… Voilà ma dame! Oh! voilà mon amour! Oh! si elle pouvait le savoir!… Que dit-elle? Rien… Elle se tait… Mais non; son regard parle, et je veux lui répondre… Ce n'est pas à moi qu'elle s'adresse. Deux des plus belles étoiles du ciel, ayant affaire ailleurs, adjurent[1] ses yeux de vouloir bien resplendir dans leur sphère jusqu'à ce qu'elles reviennent. Ah! si les étoiles se substituaient à ses yeux, en même temps que ses yeux aux étoiles, le seul éclat de ses joues ferait pâlir la clarté des astres, comme le grand jour, une lampe; et ses yeux, du haut du ciel, darderaient[2] une telle lumière à travers les régions aériennes, que les oiseaux chanteraient, croyant que la nuit n'est plus. Voyez comme elle appuie sa joue sur sa main! Oh! que ne suis-je le gant de cette main! Je toucherais sa joue!

JULIETTE. – Hélas!

ROMÉO. – Elle parle! Oh! parle encore, ange resplendissant! Car tu rayonnes dans cette nuit, au-dessus de ma tête, comme le messager ailé du ciel, quand, aux yeux bouleversés des mortels qui se rejettent en arrière pour le contempler, il devance les nuées paresseuses et vogue sur le sein des airs!

JULIETTE. – Ô Roméo! Roméo! pourquoi es-tu Roméo? Renie ton père et abdique ton nom; ou, si tu ne le veux pas, jure de m'aimer, et je ne serai plus une Capulet.

ROMÉO, *à part*. – Dois-je l'écouter encore ou lui répondre?

JULIETTE. – Ton nom seul est mon ennemi. Tu n'es pas un Montague, tu es toi-même. Qu'est-ce qu'un Montague? Ce n'est ni une main, ni un pied, ni un bras, ni un visage, ni rien qui fasse partie d'un homme… Oh! sois quelque autre nom! Qu'y a-t-il dans un nom? Ce que nous appelons une rose embaumerait autant sous un autre nom. Ainsi, quand Roméo ne s'appellerait plus Roméo, il conserverait encore les chères

Notes

1. *adjurent :* supplient.

2. *darderaient :* lanceraient des rayons.

Juliette : « Hélas ! ». Carte postale du XIXe siècle.

perfections qu'il possède… Roméo, renonce à ton nom ; et, à la place de ce nom qui ne fait pas partie de toi, prends-moi tout entière.

ROMÉO. – Je te prends au mot ! Appelle-moi seulement ton amour, et je reçois un nouveau baptême : désormais je ne suis plus Roméo.

JULIETTE. – Quel homme es-tu, toi qui, ainsi caché par la nuit, viens de te heurter à mon secret ?

ROMÉO. – Je ne sais par quel nom t'indiquer qui je suis. Mon nom, sainte chérie, m'est odieux à moi-même, parce qu'il est pour toi un ennemi : si je l'avais écrit là, j'en déchirerais les lettres.

JULIETTE. – Mon oreille n'a pas encore aspiré cent paroles proférées par cette voix, et pourtant j'en reconnais le son. N'es-tu pas Roméo et un Montague ?

ROMÉO. – Ni l'un ni l'autre, belle vierge, si tu détestes l'un et l'autre.

JULIETTE. – Comment es-tu venu ici, dis-moi ? et dans quel but ? Les murs du jardin sont hauts et difficiles à gravir. Considère qui tu es : ce lieu est ta mort, si quelqu'un de mes parents te trouve ici.

ROMÉO. – J'ai escaladé ces murs sur les ailes légères de l'amour : car les limites de pierre ne sauraient arrêter l'amour, et ce que l'amour peut faire, l'amour ose le tenter ; voilà pourquoi tes parents ne sont pas un obstacle pour moi.

JULIETTE. – S'ils te voient, ils te tueront.

ROMÉO. – Hélas ! il y a plus de péril pour moi dans ton regard que dans vingt de leurs épées : que ton œil me soit doux, et je suis à l'épreuve de leur inimitié[1].

JULIETTE. – Je ne voudrais pas pour le monde entier qu'ils te vissent ici.

ROMÉO. – J'ai le manteau de la nuit pour me soustraire à leur vue. D'ailleurs, si tu ne m'aimes pas, qu'ils me trouvent ici ! J'aime mieux ma vie finie par leur haine que ma mort différée sans ton amour.

JULIETTE. – Quel guide as-tu donc eu pour arriver jusqu'ici ?

ROMÉO. – L'amour, qui le premier m'a suggéré d'y venir : il m'a prêté son esprit et je lui ai prêté mes yeux. Je ne suis pas un pilote ; mais, quand tu serais à la même distance que la vaste

Note

1. *inimitié* : haine.

plage baignée par la mer la plus lointaine, je risquerais la traversée pour une denrée[1] pareille.

JULIETTE. – Tu sais que le masque de la nuit est sur mon visage ; sans cela, tu verrais une virginale couleur colorer ma joue, quand je songe aux paroles que tu m'as entendue dire cette nuit. Ah ! je voudrais rester dans les convenances[2] ; je voudrais, je voudrais nier ce que j'ai dit. Mais adieu, les cérémonies ! M'aimes-tu ? Je sais que tu vas dire *oui*, et je te croirai sur parole. Ne le jure pas : tu pourrais trahir ton serment : les parjures[3] des amoureux font, dit-on, rire Jupiter... Oh ! gentil Roméo, si tu m'aimes, proclame-le loyalement : et si tu crois que je me laisse trop vite gagner, je froncerai le sourcil, et je serai cruelle, et je te dirai *non*, pour que tu me fasses la cour : autrement, rien au monde ne m'y déciderait... En vérité, beau Montague, je suis trop éprise[4], et tu pourrais croire ma conduite légère ; mais crois-moi, gentilhomme, je me montrerai plus fidèle que celles qui savent mieux affecter la réserve[5]. J'aurais été plus réservée, il faut que je l'avoue, si tu n'avais pas surpris, à mon insu[6], l'aveu passionné de mon amour : pardonne-moi donc et n'impute pas[7] à une légèreté d'amour cette faiblesse que la nuit noire t'a permis de découvrir.

ROMÉO. – Madame, je jure par cette lune sacrée qui argente toutes ces cimes chargées de fruits !...

JULIETTE. – Oh ! ne jure pas par la lune, l'inconstante lune dont le disque change chaque mois, de peur que ton amour ne devienne aussi variable !

ROMÉO. – Par quoi dois-je jurer ?

Notes

1. ***denrée*** **:** marchandise.
2. ***convenances*** **:** règles de la bienséance.
3. ***parjures*** **:** faux serments.
4. ***éprise*** **:** amoureuse.
5. ***affecter la réserve*** **:** feindre l'indifférence.
6. ***à mon insu*** **:** sans que je m'en doute.
7. ***n'impute pas*** **:** n'attribue pas.

JULIETTE. – Ne jure pas du tout; ou, si tu le veux, jure par ton gracieux être, qui est le dieu de mon idolâtrie[1], et je te croirai.

ROMÉO. – Si l'amour profond de mon cœur…

JULIETTE. – Ah! ne jure pas! Quoique tu fasses ma joie, je ne puis goûter cette nuit toutes les joies de notre rapprochement; il est trop brusque, trop imprévu, trop subit, trop semblable à l'éclair qui a cessé d'être avant qu'on ait pu dire : il brille!… Doux ami, bonne nuit! Ce bouton d'amour, mûri par l'haleine de l'été, pourra devenir une belle fleur, à notre prochaine entrevue… Bonne nuit, bonne nuit! Puisse le repos, puisse le calme délicieux qui est dans mon sein, arriver à ton cœur!

ROMÉO. – Oh! vas-tu donc me laisser si peu satisfait?

JULIETTE. – Quelle satisfaction peux-tu obtenir cette nuit?

ROMÉO. – Le solennel échange de ton amour contre le mien.

JULIETTE. – Mon amour! je te l'ai donné avant que tu l'aies demandé. Et pourtant je voudrais qu'il fût encore à donner.

ROMÉO. – Voudrais-tu me le retirer? Et pour quelle raison, mon amour?

JULIETTE. – Rien que pour être généreuse et te le donner encore. Mais je désire un bonheur que j'ai déjà : ma libéralité[2] est aussi illimitée que la mer, et mon amour aussi profond : plus je te donne, plus il me reste, car l'une et l'autre sont infinis. *(On entend la voix de la nourrice.)* J'entends du bruit dans la maison. Cher amour, adieu! J'y vais, bonne nourrice!… Doux Montague, sois fidèle. Attends un moment, je vais revenir. *(Elle se retire de la fenêtre.)*

ROMÉO. – Ô céleste[3], céleste nuit! J'ai peur, comme il fait nuit, que tout ceci ne soit qu'un rêve, trop délicieusement flatteur pour être réel.

Notes

1. ***idolâtrie*** : culte amoureux.
2. ***libéralité*** : générosité.
3. ***céleste*** : divine.

Juliette revient.

JULIETTE. – Trois mots encore, cher Roméo, et bonne nuit, cette fois ! Si l'intention de ton amour est honorable, si ton but est le mariage, fais-moi savoir demain, par la personne que je ferai parvenir jusqu'à toi, en quel lieu et à quel moment tu veux accomplir la cérémonie, et alors je déposerai à tes pieds toutes mes destinées, et je te suivrai, monseigneur, jusqu'au bout du monde !

LA NOURRICE, *derrière le théâtre.* – Madame !

JULIETTE. – J'y vais ! tout à l'heure ! Mais si ton arrière-pensée n'est pas bonne, je te conjure…

LA NOURRICE, *derrière le théâtre.* – Madame !

JULIETTE. – À l'instant ! j'y vais !… de cesser tes instances[1] et de me laisser à ma douleur… J'enverrai demain.

ROMÉO. – Par le salut de mon âme…

JULIETTE. – Mille fois bonne nuit ! *(Elle quitte la fenêtre.)*

ROMÉO. – La nuit ne peut qu'empirer mille fois, dès que ta lumière lui manque… *(Se retirant à pas lents.)* L'amour court vers l'amour comme l'écolier hors de la classe ; mais il s'en éloigne avec l'air accablé de l'enfant qui rentre à l'école.

Juliette reparaît à la fenêtre.

JULIETTE. – Stt ! Roméo ! Stt !… Oh ! que n'ai-je la voix du fauconnier[2] pour réclamer mon noble tiercelet[3] ! Mais la captivité est enrouée et ne peut parler haut : sans quoi j'ébranlerais la caverne où Écho[4] dort, et sa voix aérienne serait bientôt plus enrouée que la mienne, tant je lui ferais répéter le nom de mon Roméo !

Notes

1. ***instances :*** demandes.
2. ***fauconnier :*** dresseur d'oiseaux de proie pour la chasse.
3. ***tiercelet :*** oiseau de proie.
4. ***Écho :*** la nymphe Écho, amoureuse de Narcisse, mourut d'être repoussée par lui. Elle fut transformée en… écho dont la voix répétait ses plaintes (Ovide, *Les Métamorphoses*).

ROMÉO, *revenant sur ses pas.* – C'est mon âme qui me rappelle par mon nom ! Quels sons argentins a dans la nuit la voix de la bien-aimée ! Quelle suave musique pour l'oreille attentive !

JULIETTE. – Roméo !

ROMÉO. – Ma mie ?

LA NOURRICE, *derrière le théâtre.* – Madame !

JULIETTE. – À quelle heure, demain, enverrai-je vers toi ?

ROMÉO. – À neuf heures.

JULIETTE. – Je n'y manquerai pas : il y a vingt ans d'ici là. J'ai oublié pourquoi je t'ai rappelé.

ROMÉO. – Laisse-moi rester ici jusqu'à ce que tu t'en souviennes.

JULIETTE. – Je l'oublierai, pour que tu restes là toujours, me rappelant seulement combien j'aime ta compagnie.

ROMÉO. – Et je resterai là pour que tu l'oublies toujours, oubliant moi-même que ma demeure est ailleurs.

JULIETTE. – Il est presque jour. Je voudrais que tu fusses parti, mais sans t'éloigner plus que l'oiseau familier d'une joueuse enfant : elle le laisse voleter un peu hors de sa main, pauvre prisonnier embarrassé de liens, et vite elle le ramène en tirant le fil de soie, tant elle est tendrement jalouse de sa liberté !

ROMÉO. – Je voudrais être ton oiseau !

JULIETTE. – Ami, je le voudrais aussi ; mais je te tuerais à force de caresses. Bonne nuit ! bonne nuit ! Si douce est la tristesse de nos adieux que je te dirais : bonne nuit ! jusqu'à ce qu'il soit jour. *(Elle se retire.)*

ROMÉO, *seul.* – Que le sommeil se fixe sur tes yeux et la paix dans ton cœur ! Je voudrais être le sommeil et la paix, pour reposer si délicieusement ! Je vais de ce pas à la cellule de mon père spirituel[1], pour implorer son aide et lui conter mon bonheur. *(Il sort.)*

SCÈNE 3

La cellule de frère Laurence.
Entre Frère Laurence, portant un panier.

LAURENCE. – L'aube aux yeux gris couvre de son sourire la nuit grimaçante, et diapre[2] de lignes lumineuses les nuées d'Orient; l'ombre couperosée[3], chancelant comme un ivrogne, s'éloigne de la route du jour devant les roues du Titan[4] radieux. Avant que le soleil, de son regard de flamme, ait ranimé le jour et séché la moite rosée de la nuit, il faut que je remplisse cette cage d'osier de plantes pernicieuses[5] et de fleurs au suc[6] précieux. La terre, qui est la mère des créatures, est aussi leur tombe; leur sépulcre[7] est sa matrice[8] même. Les enfants de toute espèce, sortis de son flanc, nous les trouvons suçant sa mamelle inépuisable; la plupart sont doués de nombreuses vertus; pas un qui n'ait son mérite, et pourtant tous diffèrent! Oh! combien efficace est la grâce qui réside dans les herbes, dans les plantes, dans les pierres et dans leurs qualités intimes! Il n'est rien sur la terre de si humble qui ne rende à la terre un service spécial; il n'est rien non plus de si bon qui, détourné de son légitime[9] usage, ne devienne rebelle à son origine et ne tombe dans l'abus. La vertu même devient vice, étant mal appliquée, et le vice est parfois ennobli par l'action.

Entre Roméo.

Notes

1. ***cellule de mon père spirituel :*** chambre du monastère où se trouve son directeur de conscience.
2. ***diapre :*** donne des couleurs variées.
3. ***couperosée :*** au visage rougi.
4. ***Titan :*** divinité primitive.
5. ***pernicieuses :*** dangereuses.
6. ***suc :*** liquide extrait des plantes.
7. ***sépulcre :*** tombeau.
8. ***matrice :*** organe de reproduction.
9. ***légitime :*** admis.

LAURENCE, *prenant une fleur dans le panier.* – Le calice[1] enfant de cette faible fleur recèle un poison et un cordial[2] puissants : respirez-la, elle stimule et l'odorat et toutes les facultés ; goûtez-la, elle frappe de mort et le cœur et tous les sens. Deux reines ennemies sont sans cesse en lutte dans l'homme comme dans la plante, la grâce et la rude volonté ; et là où la pire prédomine, le ver de la mort a bien vite dévoré la créature.

ROMÉO. – Bonjour, père.

LAURENCE. – *Benedicte*[3] *!* Quelle voix matinale me salue si doucement ? Jeune fils, c'est signe de quelque désordre d'esprit, quand on dit adicu si tôt à son lit. Le souci fait le guet dans les yeux du vieillard, et le sommeil n'entre jamais où loge le souci. Mais là où la jeunesse ingambe[4] repose, le cerveau dégagé, là règne le sommeil d'or. Je conclus donc de ta visite matinale que quelque grave perturbation t'a mis sur pied. Si cela n'est pas, je devine que notre Roméo ne s'est pas couché cette nuit.

ROMÉO. – Cette dernière conjecture[5] est la vraie ; mais mon repos n'en a été que plus doux.

LAURENCE. – Dieu pardonne au pécheur ! Étais-tu donc avec Rosaline ?

ROMÉO. – Avec Rosaline ! Oh non, mon père spirituel : j'ai oublié ce nom, et tous les maux attachés à ce nom.

LAURENCE. – Voilà un bon fils… Mais où as-tu été alors ?

ROMÉO. – Je vais te le dire et t'épargner de nouvelles questions. Je me suis trouvé à la même fête que mon ennemi : tout à coup cet ennemi m'a blessé, et je l'ai blessé à mon tour : notre guérison à tous deux dépend de tes secours et de ton ministère[6]

Notes

1. ***calice :*** ensemble des sépales d'une fleur.
2. ***cordial :*** boisson fortifiante.
3. ***benedicte :*** *benedicite*, mot latin qui signifie « sois béni ! »
4. ***ingambe :*** allègre.
5. ***conjecture :*** supposition.
6. ***ministère :*** fonction religieuse.

sacré. Tu le vois, saint homme, je n'ai pas de haine; car j'intercède[1] pour mon adversaire comme pour moi.

LAURENCE. – Parle clairement, mon cher fils, et explique-toi sans détour : une confession équivoque[2] n'obtient qu'une absolution[3] équivoque.

ROMÉO. – Apprends-le donc tout net, j'aime d'un amour profond la fille charmante du riche Capulet. Elle a fixé mon cœur comme j'ai fixé le sien; pour que notre union soit complète, il ne nous manque que d'être unis par toi dans le saint mariage. Quand, où et comment nous nous sommes vus, aimés et fiancés, je te le dirai chemin faisant; mais, avant tout, je t'en prie, consens à nous marier aujourd'hui même.

LAURENCE. – Par saint François! quel changement! Cette Rosaline que tu aimais tant, est-elle donc si vite délaissée? Ah! l'amour des jeunes gens n'est pas vraiment dans le cœur, il n'est que dans les yeux. Jésus Maria! Que de larmes pour Rosaline ont inondé tes joues blêmes! Que d'eau salée prodiguée en pure perte pour assaisonner un amour qui n'en garde pas même l'arrière-goût! Le soleil n'a pas encore dissipé tes soupirs dans le ciel : tes gémissements passés tintent encore à mes vieilles oreilles. Tiens, il y a encore là, sur ta joue, la trace d'une ancienne larme, non essuyée encore! Si alors tu étais bien toi-même, si ces douleurs étaient bien les tiennes, toi et tes douleurs vous étiez tout à Rosaline; et te voilà déjà changé! Prononce donc avec moi cette sentence[4] : les femmes peuvent faillir, quand les hommes ont si peu de force.

ROMÉO. – Tu m'as souvent reproché mon amour pour Rosaline.

LAURENCE. – Ton amour? Non, mon enfant, mais ton idolâtrie.

Notes

1. *j'intercède :* j'interviens en faveur de quelqu'un.
2. *équivoque :* ambiguë.
3. *absolution :* pardon pour les péchés commis.
4. *sentence :* jugement moral sous forme de maxime.

ROMÉO. – Et tu m'as dit d'ensevelir cet amour.

LAURENCE. – Je ne t'ai pas dit d'enterrer un amour pour en exhumer[1] un autre.

ROMÉO. – Je t'en prie, ne me gronde pas : celle que j'aime à présent me rend faveur pour faveur, et amour pour amour; l'autre n'agissait pas ainsi.

LAURENCE. – Oh! elle voyait bien que ton amour déclamait sa leçon avant même de savoir épeler. Mais viens, jeune volage, viens avec moi; une raison me décide à t'assister : cette union peut, par un heureux effet, changer en pure affection la rancune de vos familles.

ROMÉO. – Oh! partons : il y a urgence à nous hâter.

LAURENCE. – Allons sagement et doucement : trébuche qui court vite. *(Ils sortent.)*

SCÈNE 4

Une rue. Entrent Benvolio et Mercutio.

MERCUTIO. – Où diable ce Roméo peut-il être? Est-ce qu'il n'est pas rentré cette nuit?

BENVOLIO. – Non, pas chez son père; j'ai parlé à son valet.

MERCUTIO. – Ah! cette pâle fille au cœur de pierre, cette Rosaline, le tourmente tant qu'à coup sûr il en deviendra fou.

BENVOLIO. – Tybalt, le parent du vieux Capulet, lui a envoyé une lettre chez son père.

MERCUTIO. – Un cartel[2], sur mon âme!

BENVOLIO. – Roméo répondra.

MERCUTIO. – Tout homme qui sait écrire peut répondre à une lettre.

Notes

1. *exhumer :* faire sortir de terre.

2. *cartel :* provocation en duel par écrit.

BENVOLIO. – C'est à l'auteur de la lettre qu'il répondra : provocation pour provocation.

MERCUTIO. – Hélas! pauvre Roméo! il est déjà mort : poignardé par l'œil noir d'une blanche donzelle[1], frappé à l'oreille par un chant d'amour, atteint au beau milieu du cœur par la flèche de l'aveugle archerot[2] … Est-ce là un homme en état de tenir tête à Tybalt?

BENVOLIO. – Eh! qu'est-ce donc que ce Tybalt?

MERCUTIO. – Plutôt le prince des tigres que des chats, je puis vous le dire. Oh! il est le courageux capitaine du point d'honneur. Il se bat comme vous modulez un air, observe les temps, la mesure et les règles, allonge piano, une, deux, trois, et vous touche en pleine poitrine. C'est un pourfendeur de boutons de soie, un duelliste, un duelliste, un gentilhomme de première salle, qui ferraille pour la première cause venue. *(Il se met en garde et se fend[3].)* Oh! la botte[4] immortelle! la riposte en tierce[5]! touché!

BENVOLIO. – Quoi donc?

MERCUTIO, *se relevant.* – Au diable ces merveilleux grotesques avec leur zézaiement, et leur affectation, et leur nouvel accent! *(Changeant de voix.) Jésus! la bonne lame! le bel homme! l'excellente putain!* Ah! mon grand-père, n'est-ce pas chose lamentable que nous soyons ainsi harcelés par ces moustiques étrangers, par ces colporteurs de modes qui nous poursuivent de leurs *pardonnez-moi*, et qui, tant ils sont rigides sur leurs nouvelles formes, ne sauraient plus s'asseoir à l'aise sur nos vieux escabeaux? Peste soit de leurs bonjours et de leurs bonsoirs.

Entre Roméo, rêveur.

Notes

1. ***donzelle :*** jeune fille prétentieuse.
2. ***archerot :*** petit archer; ici, il s'agit du jeune dieu Cupidon.
3. ***se fend :*** attaque (ce terme et les suivants appartiennent à l'escrime).
4. ***botte :*** coup de pointe d'épée.
5. ***riposte en tierce :*** riposte en ligne basse (en troisième garde).

BENVOLIO. – Voici Roméo! Voici Roméo!

MERCUTIO. – N'ayant plus que les os! sec comme un hareng saur! Oh! pauvre chair, quel triste maigre tu fais!… Voyons, donne-nous un peu de cette poésie dont débordait Pétrarque[1] : comparée à ta dame, Laure[2] n'était qu'une fille de cuisine, bien que son chantre[3] sût mieux rimer que toi; Didon[4], une dondon; Cléopâtre, une gipsy[5]; Hélène[6], une catin[7]; Héro[8], une gourgandine[9]; Thisbé[10], un œil d'azur, mais sans éclat! Signor Roméo, *bonjour!* À votre culotte française le salut français!… Vous nous avez joués d'une manière charmante hier soir.

ROMÉO. – Salut à tous deux!… que voulez-vous dire?

MERCUTIO. – Eh! vous ne comprenez pas? vous avez fait une fugue, une si belle fugue!

ROMÉO. – Pardon, mon cher Mercutio, j'avais une affaire urgente; et, dans un cas comme le mien, il est permis à un homme de brusquer la politesse.

MERCUTIO. – Autant dire que, dans un cas comme le vôtre, un homme est forcé de fléchir le jarret pour…

ROMÉO. – Pour tirer sa révérence[11].

MERCUTIO. – Merci. Tu as touché juste.

ROMÉO. – C'est l'explication la plus bienséante[12].

MERCUTIO. – Sache que je suis la rose de la bienséance.

Notes

1. ***Pétrarque :*** poète italien du XIVe siècle.
2. ***Laure :*** muse de Pétrarque.
3. ***son chantre :*** le poète qui la glorifie.
4. ***Didon :*** reine de Carthage.
5. ***gipsy :*** Tsigane.
6. ***Hélène :*** épouse du roi grec Ménélas, enlevée par le prince troyen Pâris, ce qui déclencha la guerre de Troie.
7. ***catin :*** prostituée.
8. ***Héro :*** jeune fille aimée de Léandre qui se noya pour la rejoindre, ce qui provoqua son suicide.
9. ***gourgandine :*** femme dévergondée.
10. ***Thisbé :*** jeune Babylonienne aimée par Pyrame; leur histoire tragique, proche de celle de Roméo et Juliette, est racontée par Ovide dans *Les Métamorphoses*.
11. ***tirer sa révérence :*** saluer en s'en allant.
12. ***bienséante :*** qui convient le mieux.

ROMÉO. – Fais-la-moi sentir.

MERCUTIO. – La rose même !

ROMÉO, *montrant sa chaussure couverte de rubans.* – Mon escarpin t'en offre la rosette !

MERCUTIO. – Bien dit. Prolonge cette plaisanterie jusqu'à ce que ton escarpin soit éculé[1] : quand il n'aura plus de talon, tu pourras du moins appuyer sur la pointe.

ROMÉO. – Plaisanterie de va-nu-pieds !

MERCUTIO. – Au secours, bon Benvolio ! mes esprits se dérobent.

ROMÉO. – Donne-leur du fouet et de l'éperon ; sinon, je crie : victoire !

MERCUTIO. – Si c'est à la course des oies que tu me défies, je me récuse[2] : il y a de l'oie dans un seul de tes esprits plus que dans tous les miens… M'auriez-vous pris pour une oie ?

ROMÉO. – Je ne t'ai jamais pris pour autre chose.

MERCUTIO. – Je vais te mordre l'oreille pour cette plaisanterie-là.

ROMÉO. – Non. Bonne oie ne mord pas.

MERCUTIO. – Ton esprit est comme une pomme aigre : il est à la sauce piquante.

ROMÉO. – N'est-ce pas ce qu'il faut pour accommoder l'oie grasse ?

MERCUTIO. – Esprit de chevreau ! cela prête à volonté : avec un pouce d'ampleur on en fait long comme une verge.

ROMÉO. – Je n'ai qu'à prêter l'ampleur à l'oie en question, cela suffit ; te voilà déclaré… grosse oie. *(Ils éclatent de rire.)*

MERCUTIO. – Eh bien, ne vaut-il pas mieux rire ainsi que de geindre par amour ? Te voilà sociable à présent, te voilà redevenu Roméo ; te voilà ce que tu dois être, de par l'art et de par

Notes

1. *éculé :* usé.

2. *je me récuse :* je me retire du jeu.

la nature. Crois-moi, cet amour grognon n'est qu'un grand nigaud qui s'en va, tirant la langue, et cherchant un trou où fourrer sa… marotte[1].

Benvolio. – Arrête-toi là, arrête-toi là.

Mercutio. – Tu veux donc que j'arrête mon histoire à contre-poil?

Benvolio. – Je craignais qu'elle ne fût trop longue.

Mercutio. – Oh! tu te trompes : elle allait être fort courte, car je suis à bout et je n'ai pas l'intention d'occuper la place plus longtemps.

Roméo. – Voilà qui est parfait.

Entrent la nourrice et Pierre.

Mercutio. – Une voile! une voile! une voile!

Benvolio. – Deux voiles! deux voiles! une culotte et un jupon.

La Nourrice. – Pierre!

Pierre. – Voilà!

La Nourrice. – Mon éventail, Pierre.

Mercutio. – Donne-le-lui, bon Pierre, qu'elle cache son visage, son éventail est moins laid.

La Nourrice. – Dieu vous donne le bonjour, mes gentilshommes!

Mercutio. – Dieu vous donne le bonsoir, ma gentille femme!

La Nourrice. – C'est donc déjà le soir?

Mercutio. – Oui, déjà, je puis vous le dire, car l'index libertin du cadran est en érection sur midi.

La Nourrice. – Diantre de vous! quel homme êtes-vous donc?

Note

1. *marotte :* l'attribut de la folie est un sceptre surmonté d'une tête grotesque; ici, allusion sexuelle.

ROMÉO. – Un mortel, gentille femme, que Dieu créa pour se faire injure à lui-même.

LA NOURRICE. – Bien répondu, sur ma parole ! Pour se faire injure à lui-même, a-t-il dit… Messieurs, quelqu'un de vous saurait-il m'indiquer où je puis trouver le jeune Roméo ?

ROMÉO. – Je puis vous l'indiquer : pourtant le jeune Roméo, quand vous l'aurez trouvé, sera plus vieux qu'au moment où vous vous êtes mise à le chercher. Je suis le plus jeune de ce nom-là, à défaut d'un pire.

LA NOURRICE. – Fort bien !

MERCUTIO. – C'est le pire qu'elle trouve fort bien ! bonne remarque, ma foi, fort sensée, fort sensée.

LA NOURRICE, *à Roméo.* – Si vous êtes Roméo, monsieur, je désire vous faire une courte confidence.

BENVOLIO. – Elle va le convier à quelque souper.

MERCUTIO. – Une maquerelle[1] ! une maquerelle ! une maquerelle ! Taïaut !

ROMÉO, *à Mercutio.* – Quel gibier as-tu donc levé ?

MERCUTIO. – Ce n'est pas précisément un lièvre, mais une bête à poil, rance comme la venaison[2] moisie d'un pâté de carême[3]. *(Il chante.)*

Un vieux lièvre faisandé
Quoiqu'il ait le poil gris
Est un fort bon plat de carême
Mais un vieux lièvre faisandé
A trop longtemps duré,
S'il est moisi avant d'être fini.

Roméo, venez-vous chez votre père ? Nous y allons dîner.

ROMÉO. – Je vous suis.

Notes

1. ***maquerelle :*** femme qui vit de la prostitution d'autres femmes.

2. ***venaison :*** chair du gibier.

3. ***carême :*** temps de jeûne avant Pâques.

MERCUTIO, *saluant la nourrice en chantant.* – Adieu, antique dame, adieu, madame, adieu, madame. *(Sortent Mercutio et Benvolio.)*

LA NOURRICE. – Oui, morbleu, adieu ! Dites-moi donc quel est cet impudent fripier[1] qui a débité tant de vilenies[2] ?

ROMÉO. – C'est un gentilhomme, nourrice, qui aime à s'entendre parler, et qui en dit plus en une minute qu'il ne pourrait en écouter en un mois.

LA NOURRICE. – S'il s'avise de rien dire contre moi, je le mettrai à la raison, fût-il vigoureux comme vingt freluquets[3] de son espèce ; et si je ne le puis moi-même, j'en trouverai qui y parviendront. Le polisson ! le malotru ! Je ne suis pas une de ses drôlesses ; je ne suis pas une de ses femelles ! *(À Pierre.)* Et toi aussi, il faut que tu restes coi[4], et que tu permettes au premier croquant[5] venu d'user de moi à sa guise !

PIERRE. – Je n'ai vu personne user de vous à sa guise ; si je l'avais vu, ma lame aurait bien vite été dehors, je vous le garantis. Je suis aussi prompt qu'un autre à dégainer, quand je vois occasion pour une bonne querelle, et que la loi est de mon côté.

LA NOURRICE. – Vive Dieu ! je suis si vexée que j'en tremble de tous mes membres !... Le polisson ! le malotru !... De grâce, monsieur, un mot ! Comme je vous l'ai dit, ma jeune maîtresse m'a chargée d'aller à votre recherche... Ce qu'elle m'a chargée de vous dire, je le garde pour moi... Mais d'abord laissez-moi vous déclarer que, si vous aviez l'intention, comme on dit, de la mener au paradis des fous[6], ce serait une façon d'agir très grossière, comme on dit : car la demoiselle est si jeune ! Si donc il vous arrivait de jouer double jeu avec elle, ce serait

Notes

1. ***impudent fripier :*** insolent vendeur de vêtements d'occasion.
2. ***vilenies :*** paroles indignes.
3. ***freluquets :*** jeunes gens prétentieux.
4. ***tu restes coi :*** tu restes muet de stupeur.
5. ***croquant :*** grossier paysan.
6. ***la mener au paradis des fous :*** lui mentir sur ses intentions (ne pas vouloir l'épouser).

un vilain trait à faire à une demoiselle, et un procédé très mesquin.

ROMÉO. – Nourrice, recommande-moi à ta dame et maîtresse. Je te jure…

LA NOURRICE. – L'excellent cœur ! Oui, ma foi, je le lui dirai. Seigneur ! Seigneur ! Elle va être bien joyeuse.

ROMÉO. – Que lui diras-tu, nourrice ? Tu ne m'écoutes pas.

LA NOURRICE. – Je lui dirai, monsieur, que vous jurez, ce qui, à mon avis, est une action toute gentilhommière.

ROMÉO. – Dis-lui de trouver quelque moyen d'aller à confesse[1] cette après-midi ; c'est dans la cellule de frère Laurence qu'elle sera confessée et mariée. Voici pour ta peine. *(Il lui offre sa bourse.)*

LA NOURRICE. – Non vraiment, monsieur, pas un denier[2] !

ROMÉO. – Allons ! il le faut, te dis-je.

LA NOURRICE, *prenant la bourse.* – Cette après-midi, monsieur ? Bon, elle sera là.

ROMÉO. – Et toi, bonne nourrice, tu attendras derrière le mur de l'abbaye. Avant une heure, mon valet ira te rejoindre et t'apportera une échelle de corde : ce sont les haubans[3] par lesquels je dois, dans le mystère de la nuit, monter au hunier[4] de mon bonheur. Adieu !… Recommande-moi à ta maîtresse.

LA NOURRICE. – Sur ce, que le Dieu du ciel te bénisse ! Écoutez, monsieur.

ROMÉO. – Qu'as-tu à me dire, ma chère nourrice ?

Notes

1. ***aller à confesse :*** aller se confesser pour avouer ses péchés.

2. ***denier :*** petite pièce de monnaie.

3. ***haubans :*** câbles qui servent à maintenir les mâts.

4. ***hunier :*** voile carrée au-dessus des basses voiles.

LA NOURRICE. – Votre valet est-il discret? Vous connaissez sans doute le proverbe : deux personnes, hormis[1] une, peuvent garder un secret.

ROMÉO. – Rassure-toi : mon valet est éprouvé comme l'acier.

LA NOURRICE. – Bien, monsieur : ma maîtresse est bien la plus charmante dame… Seigneur! Seigneur!… Quand elle n'était encore qu'un petit être babillard[2]!… Oh! il y a en ville un grand seigneur, un certain Pâris, qui voudrait bien tâter du morceau; mais elle, la bonne âme, elle aimerait autant voir un crapaud, un vrai crapaud, que de le voir, lui. Je la fâche quelquefois quand je lui dis que Pâris est l'homme qui lui convient le mieux : ah! je vous le garantis, quand je dis ça, elle devient aussi pâle que n'importe quel linge au monde… *Romarin* et *Roméo* commencent tous deux par la même lettre, n'est-ce pas?

ROMÉO. – Oui, nourrice. L'un et l'autre commencent par un R. Après?

LA NOURRICE. – Ah! vous dites ça d'un air moqueur. Un R, c'est bon pour le nom d'un chien, puisque c'est un grognement de chien… Je suis bien sûre que Roméo commence par une autre lettre… Allez, elle dit de si jolies sentences sur vous et sur le romarin, que cela vous ferait du bien de les entendre.

ROMÉO. – Recommande-moi à ta maîtresse. *(Il sort.)*

LA NOURRICE. – Oui, mille fois!… Pierre!

PIERRE. – Voilà!

LA NOURRICE. – En avant, et lestement. *(Ils sortent.)*

Notes

1. *hormis :* excepté.

2. *babillard :* bavard.

SCÈNE 5

Le jardin de Capulet. Entre Juliette.

JULIETTE. – L'horloge frappait neuf heures, quand j'ai envoyé la nourrice ; elle m'avait promis d'être de retour en une demi-heure… Peut-être n'a-t-elle pas pu le trouver !… Mais non… Oh ! elle est boiteuse ! Les messagers d'amour devraient être des pensées, plus promptes dix fois que les rayons du soleil, qui dissipent l'ombre au-dessus des collines nébuleuses[1]. Aussi l'amour est-il traîné par d'agiles colombes ; aussi Cupidon a-t-il des ailes rapides comme le vent. Maintenant le soleil a atteint le sommet suprême de sa course d'aujourd'hui ; de neuf heures à midi il y a trois longues heures, et elle n'est pas encore venue ! Si elle avait les affections et le sang brûlant de la jeunesse, elle aurait le leste mouvement d'une balle ; d'un mot je la lancerais à mon bien-aimé qui me la renverrait d'un mot. Mais ces vieilles gens, on les prendrait souvent pour des morts, à voir leur inertie[2], leur lenteur, leur lourdeur et leur pâleur de plomb.

Entrent la nourrice et Pierre.

JULIETTE. – Mon Dieu, la voici enfin… Ô nourrice de miel, quoi de nouveau ? L'as-tu trouvé ?… Renvoie cet homme.

LA NOURRICE. – Pierre, restez à la porte. *(Pierre sort.)*

JULIETTE. – Eh bien, bonne, douce nourrice ?… Seigneur ! pourquoi as-tu cette mine abattue ? Quand tes nouvelles seraient tristes, annonce-les-moi gaiement. Si tes nouvelles sont bonnes, tu fais tort à leur douce musique en me la jouant avec cet air aigre.

LA NOURRICE. – Je suis épuisée ; laisse-moi respirer un peu. Ah ! que mes os me font mal ! Quelle course j'ai faite !

Notes

1. ***nébuleuses :*** obscurcies par les nuages. 2. ***inertie :*** manque d'énergie.

JULIETTE. – Je voudrais que tu eusses mes os, pourvu que j'eusse des nouvelles… Allons, je t'en prie, parle ; bonne, bonne nourrice, parle.

LA NOURRICE. – Jésus ! quelle hâte ! Pouvez-vous pas attendre un peu ? Voyez-vous pas que je suis hors d'haleine ?

JULIETTE. – Comment peux-tu être hors d'haleine quand il te reste assez d'haleine pour me dire que tu es hors d'haleine ? L'excuse que tu donnes à tant de délais est plus longue à dire que le récit que tu t'excuses de différer. Tes nouvelles sont-elles bonnes ou mauvaises ? Réponds à cela ; réponds d'un mot, et j'attendrai les détails. Édifie-moi : sont-elles bonnes ou mauvaises ?

LA NOURRICE. – Ma foi, vous avez fait là un pauvre choix : vous ne vous entendez pas à choisir un homme : Roméo, un homme ? non. Bien que son visage soit le plus beau visage qui soit, il a la jambe mieux faite que tout autre ; et pour la main, pour le pied, pour la taille, bien qu'il n'y ait pas grand-chose à en dire, tout cela est incomparable… Il n'est pas la fleur de la courtoisie, pourtant je le garantis aussi doux qu'un agneau… Va ton chemin, fillette, sers Dieu… Ah çà ! avez-vous dîné ici ?

JULIETTE. – Non, non… Mais je savais déjà tout cela. Que dit-il de notre mariage ? Qu'est-ce qu'il en dit ?

LA NOURRICE. – Seigneur, que la tête me fait mal ! quelle tête j'ai ! Elle bat comme si elle allait tomber en vingt morceaux… Et puis, d'un autre côté, mon dos… Oh ! mon dos ! mon dos ! Méchant cœur que vous êtes de m'envoyer ainsi pour attraper ma mort à galoper de tous côtés !

JULIETTE. – En vérité, je suis fâchée que tu ne sois pas bien : chère, chère, chère nourrice, dis-moi, que dit mon bien-aimé ?

LA NOURRICE. – Votre bien-aimé parle en gentilhomme loyal, et courtois, et affable, et gracieux, et, j'ose le dire, vertueux… Où est votre mère ?

JULIETTE. – Où est ma mère ? Eh bien, elle est à la maison : où veux-tu qu'elle soit ? Que tu réponds singulièrement ! *Votre bien-aimé parle en gentilhomme loyal, où est votre mère ?*

LA NOURRICE. – Oh ! Notre-Dame du bon Dieu ! Êtes-vous à ce point brûlante ? Pardine, échauffez-vous encore : est-ce là votre cataplasme[1] pour mes pauvres os ? Dorénavant, faites vos messages vous-même !

JULIETTE. – Que d'embarras !… Voyons, que dit Roméo ?

LA NOURRICE. – Avez-vous permission d'aller à confesse aujourd'hui ?

JULIETTE. – Oui.

LA NOURRICE. – Eh bien, courez de ce pas à la cellule de frère Laurence : un mari vous y attend pour faire de vous sa femme. Ah bien ! voilà ce fripon de sang qui vous vient aux joues : bientôt elles deviendront écarlates à la moindre nouvelle. Courez à l'église ; moi, je vais d'un autre côté, chercher l'échelle par laquelle votre bien-aimé doit grimper jusqu'au nid de l'oiseau, dès qu'il fera nuit noire. C'est moi qui suis la bête de somme, et je m'épuise pour votre plaisir ; mais, pas plus tard que ce soir, ce sera vous qui porterez le fardeau. Allons je vais dîner ; courez vite à la cellule.

JULIETTE. – Vite au bonheur suprême !… Honnête nourrice, adieu. *(Elles sortent par des côtés différents.)*

SCÈNE 6

La cellule de frère Laurence. Entrent frère Laurence et Roméo.

LAURENCE. – Veuille le ciel sourire à cet acte pieux, et puisse l'avenir ne pas nous le reprocher par un chagrin !

Note

1. *cataplasme :* préparation que l'on applique sur une partie du corps pour soigner une douleur.

ROMÉO. – Amen! amen! Mais viennent tous les chagrins possibles, ils ne sauraient contrebalancer le bonheur que me donne la plus courte minute passée en sa présence. Joins seulement nos mains avec les paroles saintes, et qu'alors la mort, vampire de l'amour, fasse ce qu'elle ose : c'est assez que Juliette soit mienne!

LAURENCE. – Ces joies violentes ont des fins violentes, et meurent dans leur triomphe : flamme et poudre, elles se consument en un baiser. Le plus doux miel devient fastidieux par sa suavité[1] même, et détruit l'appétit par le goût : aime donc modérément : modéré est l'amour durable : la précipitation n'atteint pas le but plus tôt que la lenteur.

Entre Juliette.

LAURENCE. – Voici la dame! Oh! jamais un pied aussi léger n'usera la dalle éternelle : les amoureux pourraient chevaucher sur ces fils de la Vierge[2] qui flottent au souffle ardent de l'été, et ils ne tomberaient pas : si légère est toute vanité!

JULIETTE. – Salut à mon vénérable confesseur!

LAURENCE. – Roméo te remerciera pour nous deux, ma fille.

JULIETTE. – Je lui envoie le même salut : sans quoi ses remerciements seraient immérités.

ROMÉO. – Ah! Juliette, si ta joie est à son comble comme la mienne, et si, plus habile que moi, tu peux la peindre, alors parfume de ton haleine l'air qui nous entoure, et que la riche musique de ta voix exprime le bonheur idéal que nous fait ressentir à tous deux une rencontre si chère.

JULIETTE. – Le sentiment, plus riche en impressions qu'en paroles, est fier de son essence, et non des ornements : indigents[3] sont ceux qui peuvent compter leurs richesses; mais

Notes

1. *suavité :* douceur.
2. *fils de la Vierge :* toiles d'araignée.
3. *indigents :* pauvres.

mon sincère amour est parvenu à un tel excès que je ne saurais évaluer la moitié de mes trésors.

LAURENCE. – Allons, venez avec moi, et nous aurons bientôt fait ; sauf votre bon plaisir, je ne vous laisserai seuls que quand la sainte Église vous aura incorporés l'un à l'autre. *(Ils sortent.)*

Au fil du texte

Questions sur l'acte II (pp. 49 à 75)

Avez-vous bien lu ?

Le vocabulaire du théâtre

• **Prologue :** partie d'un spectacle théâtral qui précède la pièce proprement dite, dans laquelle un personnage vient présenter le sujet avant l'entrée du chœur ; Shakespeare fait dire ici le prologue par le chœur.

• **Chœur :** dans le théâtre antique, groupe de personnes qui chantent et dansent, commentent l'action tragique et expriment les sentiments du peuple (ici, des acteurs qui vont jouer la pièce).

1. Dans le prologue, selon le chœur, quel est le problème rencontré par Roméo et Juliette ?

2. Pourquoi Mercutio et Benvolio cherchent-ils Roméo (scène 1) ?

3. Que demande Juliette à Roméo (scène 2) ?

4. Que faisait le frère Laurence juste avant l'arrivée de Roméo ? Que vient lui demander celui-ci (scène 3) ?

5. Qu'est-ce qui menace Roméo (scène 4) ?

6. Que répond Roméo à la nourrice de Juliette ? Quelles recommandations précises lui donne-t-il ? Dans quel but (scène 4) ?

7. Comment la nourrice juge-t-elle Roméo ? Pourquoi fait-elle attendre à Juliette la réponse de Roméo (scène 5) ?

8. Quelle inquiétude exprime le frère Laurence et pourquoi (scène 6) ?

Étudier le vocabulaire et la grammaire

9 Justifiez le sens du mot « *ineffables* » (prologue, l. 17) en le décomposant en ses divers constituants, que vous nommerez.

10 Dans la réplique de Juliette : « *Je ne voudrais pas pour le monde entier qu'ils te vissent ici* » (scène 2, l. 130-131), donnez le temps, le mode et l'infinitif du verbe « *vissent* ». Justifiez son emploi. Cherchez, dans la scène, un exemple de subjonctif dans une proposition indépendante*. À quel temps est-il ? Quelle est sa valeur ?

***proposition indépendante* :** **proposition dont la forme et le sens ne dépendent d'aucune autre proposition de la phrase.**

Étudier le discours

Le vocabulaire du théâtre

- **Monologue :** scène au cours de laquelle un personnage, seul en scène, exprime à voix haute ce qu'il pense et ressent.
- **Comique verbal :** une des formes du comique qui repose sur les jeux de mots, les répétitions, le niveau de langue, les répliques spirituelles, etc.

11 Par quels procédés les deux monologues de Roméo et de Juliette qui se succèdent au début de la scène 2 (l. 62 à 103) s'apparentent-ils au dialogue ? À qui s'adressent successivement les deux personnages ?

12 Sur quels personnages et sur quels procédés repose le comique verbal de la scène 4 ?

Étudier le genre : le lyrisme amoureux

13 Étudiez les procédés du registre lyrique* dans cet acte : vocabulaire, images, thèmes, etc.

14 Quelle scène est la plus lyrique dans cet acte et pourquoi ?

***registre lyrique* :** **il sert à exprimer une émotion personnelle et se caractérise par certains thèmes comme l'amour, la mort, la nature, la joie, etc., et certains procédés comme les images et les rythmes.**

Étudier l'écriture

15 Relevez et expliquez la sentence énoncée par le frère Laurence dans la réplique qui commence par : *« Par saint François ! »* (scène 3, l. 316 à 329). En quoi s'applique-t-elle à Roméo ?

16 Relevez d'autres sentences prononcées par ce personnage dans la scène 3.

Étudier un thème : la passion amoureuse

17 Relevez les différentes étapes de l'installation de la passion en vous appuyant sur les différents aveux qui ponctuent l'acte.

18 Les deux personnages montrent-ils leurs sentiments de la même façon ?

19 Expliquez cette phrase prononcée par Roméo : *« Ce que l'amour peut faire, l'amour ose le tenter »* (scène 2, l. 123-124). Quel trait de caractère de Roméo met-elle en évidence ?

20 Étudiez l'image du fauconnier et du tiercelet, utilisée par Juliette pour décrire son amour (scène 2, l. 218 à 223).

Étudier l'extrait : des péripéties* heureuses ?

21 Malgré la haine des deux familles, qu'est-ce qui rend cet acte joyeux ?

22 Quelles menaces sont pourtant évoquées tout au long de l'acte ? Relevez les phrases qui les indiquent.

***péripétie* :** **au théâtre, événement imprévu qui produit un brusque changement de la situation dramatique ; le « coup de théâtre » est la péripétie majeure.**

Lire l'image

23. Retrouvez, dans le long monologue de Roméo au début de la scène 2 (l. 62 à 83), les phrases qui vous semblent correspondre le mieux à l'attitude de Juliette sur la carte postale de la page 53. Quel est l'état d'esprit du personnage à ce moment précis de la pièce et pourquoi ? Comment l'artiste l'a-t-il traduit ?

À vos plumes !

24. À la manière de la scène 5, entre Juliette et la nourrice, imaginez un dialogue amusant entre deux personnes, dont l'une fait volontairement attendre à l'autre l'information ou la nouvelle désirée. Vous commencerez par exposer brièvement les circonstances du dialogue, et vous ferez comprendre les réactions de la personne impatiente par les types de phrases et la ponctuation employés (interrogatives, exclamatives, points de suspension, etc.).

Eau-forte extraite de *Souvenirs du théâtre anglais* de Moreau, 1827.

Acte III

SCÈNE 1

Vérone. – La promenade du Cours[1] *près de la porte des Borsari. Entrent Mercutio, Benvolio, un page et des valets.*

BENVOLIO. – Je t'en prie, bon Mercutio, retirons-nous ; la journée est chaude ; les Capulets sont dehors, et, si nous les rencontrons, nous ne pourrons pas éviter une querelle : car, dans ces jours de chaleur, le sang est furieusement excité !

MERCUTIO. – Tu m'as tout l'air d'un de ces gaillards qui, dès qu'ils entrent dans une taverne, me flanquent leur épée sur la table en disant : *Dieu veuille que je n'en aie pas besoin !* et qui, à peine la seconde rasade a-t-elle opéré, dégainent contre le cabaretier, sans qu'en réalité il en soit besoin.

BENVOLIO. – Moi ! j'ai l'air d'un de ces gaillards-là ?

MERCUTIO. – Allons, allons, tu as la tête aussi chaude que n'importe quel drille[2] d'Italie ; personne n'a plus d'emportement que toi à prendre de l'humeur et personne n'est plus d'humeur à s'emporter.

BENVOLIO. – Comment cela ?

MERCUTIO. – Oui, s'il existait deux êtres comme toi, nous n'en aurions bientôt plus un seul, car l'un tuerait l'autre. Toi ! mais tu te querelleras avec un homme qui aura au menton un poil

Notes

1. ***promenade du Cours*** **:** avenue plantée d'arbres.

2. ***drille*** **:** soldat vagabond.

de plus ou de moins que toi ! Tu te querelleras avec un homme qui fera craquer des noix, par cette unique raison que tu as l'œil couleur noisette : il faut des yeux comme les tiens pour découvrir là un grief[1] ! Ta tête est pleine de querelles, comme l'œuf est plein du poussin ; ce qui ne l'empêche pas d'être vide, comme l'œuf cassé, à force d'avoir été battue à chaque querelle. Tu t'es querellé avec un homme qui toussait dans la rue, parce qu'il avait réveillé ton chien endormi au soleil. Un jour, n'as-tu pas cherché noise[2] à un tailleur parce qu'il portait un pourpoint[3] neuf avant Pâques, et à un autre parce qu'il attachait ses souliers neufs avec un vieux ruban ? Et c'est toi qui me fais un sermon[4] contre les querelles !

BENVOLIO. – Si j'étais aussi querelleur que toi, je céderais ma vie en nue-propriété[5] au premier acheteur qui m'assurerait une heure et quart d'existence.

MERCUTIO. – En nue-propriété ! Voilà qui serait propre !

Entrent Tybalt, Pétruchio et quelques partisans.

BENVOLIO. – Sur ma tête, voici les Capulets.

MERCUTIO. – Par mon talon, je ne m'en soucie pas.

TYBALT, *à ses amis.* – Suivez-moi de près, car je vais leur parler… *(À Mercutio et à Benvolio.)* Bonsoir, messieurs : un mot à l'un de vous.

MERCUTIO. – Rien qu'un mot ? Accouplez-le à quelque chose : donnez le mot et le coup.

TYBALT. – Vous m'y trouverez assez disposé, messire, pour peu que vous m'en fournissiez l'occasion.

MERCUTIO. – Ne pourriez-vous pas prendre l'occasion sans qu'on vous la fournît ?

Notes

1. ***grief :*** reproche.
2. ***cherché noise :*** cherché querelle.
3. ***pourpoint :*** vêtement d'homme.
4. ***sermon :*** discours moralisateur.
5. ***nue-propriété :*** droit de disposer d'un bien (terme juridique).

TYBALT. – Mercutio, tu es de concert[1] avec Roméo…

MERCUTIO. – De concert ! Comment ! nous prends-tu pour des ménestrels[2] ? Si tu fais de nous des ménestrels, prépare-toi à n'entendre que désaccords. *(Mettant la main sur son épée.)* Voici mon archet ; voici qui vous fera danser. Sangdieu[3], de concert !

BENVOLIO. – Nous parlons ici sur la promenade publique ; ou retirons-nous dans quelque lieu écarté, ou raisonnons froidement de nos griefs, ou enfin séparons-nous. Ici tous les yeux se fixent sur nous.

MERCUTIO. – Les yeux des hommes sont faits pour voir : laissons-les se fixer sur nous : aucune volonté humaine ne me fera bouger, moi !

TYBALT, *à Mercutio.* – Allons, la paix soit avec vous, messire ! *(Montrant Roméo.)* Voici mon homme.

MERCUTIO. – Je veux être pendu, messire, si celui-là porte votre livrée[4] : morbleu, allez sur le terrain, il sera de votre suite ; c'est dans ce sens-là que votre seigneurie peut l'appeler son homme.

TYBALT. – Roméo, l'amour que je te porte ne me fournit pas de terme meilleur que celui-ci : Tu es un infâme !

ROMÉO. – Tybalt, les raisons que j'ai de t'aimer me font excuser la rage qui éclate par un tel salut… Je ne suis pas un infâme… Ainsi, adieu : je vois que tu ne me connais pas. *(Il va pour sortir.)*

TYBALT. – Enfant, ceci ne saurait excuser les injures que tu m'as faites : tourne-toi donc, et en garde !

ROMÉO. – Je proteste que je ne t'ai jamais fait injure, et que je t'aime d'une affection dont tu n'auras idée que le jour où tu en

Notes

1. ***de concert :*** en accord avec.
2. ***ménestrels :*** musiciens.
3. ***sangdieu :*** juron.
4. ***livrée :*** costume distinctif des domestiques.

connaîtras les motifs… Ainsi, bon Capulet… (ce nom m'est aussi cher que le mien), tiens-toi pour satisfait.

MERCUTIO. – Ô froide, déshonorante, ignoble soumission ! Une estocade[1] pour réparer cela ! *(Il met l'épée à la main.)* Tybalt, tueur de rats, voulez-vous faire un tour ?

TYBALT. – Que veux-tu de moi ?

MERCUTIO. – Rien, bon roi des chats, rien qu'une de vos neuf vies ; celle-là, j'entends m'en régaler, me réservant, selon votre conduite future à mon égard, de mettre en hachis les huit autres. Tirez donc vite votre épée par les oreilles, ou, avant qu'elle soit hors de l'étui, vos oreilles sentiront la mienne.

TYBALT, *l'épée à la main.* – Je suis à vous.

ROMÉO. – Mon bon Mercutio, remets ton épée.

MERCUTIO, *à Tybalt.* – Allons, messire, votre meilleure passe[2] ! *(Ils se battent.)*

ROMÉO. – Dégaine, Benvolio, et abattons leurs armes… Messieurs, par pudeur, reculez devant un tel outrage : Tybalt ! Mercutio ! Le prince a expressément interdit les rixes dans les rues de Vérone. Arrêtez, Tybalt ! cher Mercutio ! *(Roméo étend son épée entre les combattants. Tybalt atteint Mercutio par-dessous le bras de Roméo et s'enfuit avec ses partisans.)*

MERCUTIO. – Je suis blessé… Malédiction sur les deux maisons ! Je suis expédié… Il est parti ! Est-ce qu'il n'a rien ? *(Il chancelle.)*

BENVOLIO, *soutenant Mercutio.* – Quoi, es-tu blessé ?

MERCUTIO. – Oui, oui, une égratignure, une égratignure, morbleu, c'est bien suffisant… Où est mon page ? Maraud, va me chercher un chirurgien. *(Le page sort.)*

ROMÉO. – Courage, ami : la blessure ne peut être sérieuse.

Notes

1. ***estocade :*** attaque violente à l'épée.

2. ***votre meilleure passe :*** votre plus habile attaque.

MERCUTIO. – Non, elle n'est pas aussi profonde qu'un puits, ni aussi large qu'une porte d'église ; mais elle est suffisante, elle peut compter : demandez à me voir demain, et, quand vous me retrouverez, j'aurai la gravité que donne la bière[1]. Je suis poivré[2], je vous le garantis, assez pour ce bas monde… Malédiction sur vos deux maisons !… Moi, un homme, être égratigné à mort par un chien, un rat, une souris, un chat ! par un fier-à-bras, un gueux, un maroufle qui ne se bat que par règle d'arithmétique ! *(À Roméo.)* Pourquoi diable vous êtes-vous mis entre nous ? J'ai reçu le coup par-dessous votre bras.

ROMÉO. – J'ai cru faire pour le mieux.

MERCUTIO. – Aide-moi jusqu'à une maison, Benvolio, ou je vais défaillir… Malédiction sur vos deux maisons ! Elles ont fait de moi de la viande à vermine… Oh ! j'ai reçu mon affaire, et bien à fond… Vos maisons ! *(Mercutio sort, soutenu par Benvolio.)*

ROMÉO, *seul.* – Donc un bon gentilhomme, le proche parent du prince, mon intime ami, a reçu le coup mortel pour moi, après l'outrage déshonorant fait à ma réputation par Tybalt, par Tybalt, qui depuis une heure est mon cousin !… Ô ma douce Juliette, ta beauté m'a efféminé ; elle a amolli la trempe d'acier[3] de ma valeur.

Rentre Benvolio.

BENVOLIO. – Ô Roméo, Roméo ! le brave Mercutio est mort. Ce galant esprit a aspiré la nuée, trop tôt dégoûté de cette terre.

ROMÉO. – Ce jour fera peser sur les jours à venir sa sombre fatalité : il commence le malheur, d'autres doivent l'achever.

Rentre Tybalt.

BENVOLIO. – Voici le furieux Tybalt qui revient.

Notes

1. ***bière :*** cercueil.
2. ***poivré :*** touché rudement.
3. ***trempe d'acier :*** ce qui recouvre solidement une épée.

ROMÉO. – Vivant ! triomphant ! et Mercutio tué ! Remonte au ciel, circonspecte[1] indulgence, et toi, furie à l'œil de flamme, sois mon guide maintenant ! Ah ! Tybalt, reprends pour toi ce nom d'infâme que tu m'as donné tout à l'heure : l'âme de Mercutio n'a fait que peu de chemin au-dessus de nos têtes, elle attend que la tienne vienne lui tenir compagnie. Il faut que toi ou moi, ou tous deux, nous allions le rejoindre.

TYBALT. – Misérable enfant, tu étais son camarade ici-bas : c'est toi qui partiras d'ici avec lui.

ROMÉO, *mettant l'épée à la main.* – Voici qui en décidera. *(Ils se battent. Tybalt tombe.)*

BENVOLIO. – Fuis, Roméo, va-t'en ! Les citoyens sont sur pied, et Tybalt est tué... Ne reste pas là stupéfait. Le prince va te condamner à mort, si tu es pris... Hors d'ici ! va-t'en ! fuis !

ROMÉO. – Oh ! je suis le bouffon de la fortune !

BENVOLIO. – Qu'attends-tu donc ? *(Roméo s'enfuit.)*

Entre une foule de citoyens armés.

PREMIER CITOYEN. – Par où s'est enfui celui qui a tué Mercutio ? Tybalt, ce meurtrier, par où s'est-il enfui ?

BENVOLIO. – Ce Tybalt, le voici à terre !

PREMIER CITOYEN. – Debout, monsieur, suivez-moi : je vous somme[2] de m'obéir au nom du prince.

Entrent le prince et sa suite, Montague, Capulet, Lady Montague, Lady Capulet et d'autres.

LE PRINCE. – Où sont les vils promoteurs de cette rixe ?

BENVOLIO. – Ô noble prince, je puis te révéler toutes les circonstances douloureuses de cette fatale querelle. *(Montrant le corps de Tybalt.)* Voici l'homme qui a été tué par le jeune Roméo, après avoir tué ton parent, le jeune Mercutio.

Notes

1. *circonspecte :* prudente.

2. *je vous somme :* je vous ordonne.

LADY CAPULET, *se penchant sur le corps.* – Tybalt, mon neveu !… Oh ! l'enfant de mon frère ! Oh ! prince !… Oh ! mon neveu !… mon mari ! C'est le sang de notre cher parent qui a coulé !… Prince, si tu es juste, verse le sang des Montagues pour venger notre sang… Oh ! mon neveu ! mon neveu !

LE PRINCE. – Benvolio, qui a commencé cette rixe ?

BENVOLIO. – Tybalt, que vous voyez ici, tué de la main de Roméo. En vain Roméo lui parlait sagement, lui disait de réfléchir à la futilité de la querelle, et le mettait en garde contre votre auguste déplaisir… Tout cela, dit d'une voix affable[1], d'un air calme, avec l'humilité d'un suppliant agenouillé, n'a pu faire trêve à la fureur indomptable de Tybalt, qui, sourd aux paroles de paix, a brandi la pointe de son épée contre la poitrine de l'intrépide Mercutio. Mercutio, tout aussi exalté, oppose le fer au fer dans ce duel à outrance ; avec un dédain martial[2], il écarte d'une main la froide mort et de l'autre la retourne contre Tybalt, dont la dextérité[3] la lui renvoie ; Roméo leur crie : *Arrêtez, amis ! amis, séparez-vous !* et, d'un geste plus rapide que sa parole, il abat les pointes fatales. Au moment où il s'élance entre eux, passe sous son bras même une botte perfide[4] de Tybalt qui frappe mortellement le fougueux Mercutio. Tybalt s'enfuit alors, puis tout à coup revient sur Roméo, qui depuis un instant n'écoute plus que la vengeance. Leur lutte a été un éclair ; car, avant que j'aie pu dégainer pour les séparer, le fougueux Tybalt était tué. En le voyant tomber, Roméo s'est enfui. Que Benvolio meure si telle n'est pas la vérité !

LADY CAPULET, *désignant Benvolio.* – Il est parent des Montagues ; l'affection le fait mentir, il ne dit pas la vérité ! Une vingtaine d'entre eux se sont ligués[5] pour cette lutte cri-

Notes

1. ***affable :*** aimable.
2. ***dédain martial :*** mépris résolu.
3. ***dextérité :*** habileté.
4. ***botte perfide :*** attaque sournoise.
5. ***se sont ligués :*** ont uni leurs forces contre.

minelle, et il a fallu qu'ils fussent vingt pour tuer un seul homme ! Je demande justice, fais-nous justice, prince. Roméo a tué Tybalt ; Roméo ne doit plus vivre.

LE PRINCE. – Roméo a tué Tybalt, mais Tybalt a tué Mercutio : qui maintenant me payera le prix d'un sang si cher ?

MONTAGUE. – Ce ne doit pas être Roméo, prince, il était l'ami de Mercutio. Sa faute n'a fait que terminer ce que la loi eût tranché, la vie de Tybalt.

LE PRINCE. – Et, pour cette offense, nous l'exilons sur-le-champ. Je suis moi-même victime de vos haines ; mon sang coule pour vos brutales disputes ; mais je vous imposerai une si rude amende que vous vous repentirez tous du malheur dont je souffre. Je serai sourd aux plaidoyers et aux excuses ; ni larmes ni prières ne rachèteront les torts ; elles sont donc inutiles. Que Roméo se hâte de partir ; l'heure où on le trouverait ici serait pour lui la dernière. Qu'on emporte ce corps et qu'on défère[1] à notre volonté : la clémence ne fait qu'assassiner en pardonnant à ceux qui tuent.

SCÈNE 2

Le jardin de Capulet. Entre Juliette.

JULIETTE. – Retournez au galop, coursiers aux pieds de flamme, vers le logis de Phébus ; déjà un cocher comme Phaéton[2] vous aurait lancés dans l'ouest et aurait ramené la nuit nébuleuse[3]… Étends ton épais rideau, nuit vouée à l'amour, que les yeux de la rumeur se ferment et que Roméo bondisse dans mes bras, ignoré, inaperçu ! Pour accomplir leurs amoureux devoirs, les amants y voient assez à la seule lueur de leur beauté ; et, si

Notes

1. ***qu'on défère :*** qu'on obéisse.
2. ***Phaéton :*** fils du Soleil, qui conduisait son char à travers le ciel.
3. ***nébuleuse :*** obscurcie par les nuages.

l'amour est aveugle, il s'accorde d'autant mieux avec la nuit… Viens, nuit solennelle, matrone[1] au sobre vêtement noir, apprends-moi à perdre, en la gagnant, cette partie qui aura pour enjeux deux virginités sans tache ; cache le sang hagard qui se débat dans mes joues, avec ton noir chaperon[2], jusqu'à ce que le timide amour, devenu plus hardi, ne voie plus que chasteté[3] dans l'acte de l'amour ! À moi, nuit ! Viens, Roméo, viens : tu feras le jour de la nuit, quand tu arriveras sur les ailes de la nuit, plus éclatant que la neige nouvelle sur le dos du corbeau. Viens, gentille nuit ; viens, chère nuit au front noir, donne-moi mon Roméo, et, quand il sera mort, prends-le et coupe-le en petites étoiles, et il rendra la face du ciel si splendide que tout l'univers sera amoureux de la nuit et refusera son culte à l'aveuglant soleil… Oh ! j'ai acheté un domaine d'amour, mais je n'en ai pas pris possession, et celui qui m'a acquise n'a pas encore joui de moi. Fastidieuse journée, lente comme la nuit l'est, à la veille d'une fête, pour l'impatiente enfant qui a une robe neuve et ne peut la mettre encore ! Oh ! voici ma nourrice…

Entre la nourrice, avec une échelle de corde.

JULIETTE. – Elle m'apporte des nouvelles ; chaque bouche qui me parle de Roméo me parle une langue céleste… Eh bien, nourrice, quoi de nouveau ?… Qu'as-tu là ? l'échelle de corde que Roméo t'a dit d'apporter ?

LA NOURRICE. – Oui, oui, l'échelle de corde ! *(Elle laisse tomber l'échelle avec un geste de désespoir.)*

JULIETTE. – Mon Dieu ! que se passe-t-il ? Pourquoi te tordre ainsi les mains ?

Notes

1. ***matrone :*** femme respectable.
2. ***chaperon :*** capuchon.
3. ***chasteté :*** pureté.

Juliette (Romane Bohringer) attendant Roméo. Mise en scène de Hans-Peter Cloos, théâtre du Rond-Point, Paris, 1996.

LA NOURRICE. – Ah! miséricorde! il est mort, il est mort, il est mort! Nous sommes perdues, madame, nous sommes perdues! Hélas! quel jour! C'est fait de lui, il est tué, il est mort!

JULIETTE. – Le ciel a-t-il pu être aussi cruel?

LA NOURRICE. – Roméo l'a pu, sinon le ciel... Ô Roméo! Roméo! Qui l'aurait jamais cru? Roméo!

JULIETTE. – Quel démon es-tu pour me torturer ainsi? C'est un supplice à faire rugir les damnés de l'horrible enfer. Est-ce que Roméo s'est tué? Dis-moi *oui* seulement, et ce simple oui m'empoisonnera plus vite que le regard meurtrier du basilic[1]. Je cesse d'exister s'il me faut ouïr ce oui, et si tu peux répondre : oui, les yeux de Roméo sont fermés! Est-il mort? dis *oui* ou *non*, et qu'un seul mot décide de mon bonheur ou de ma misère!

Note

1. ***basilic*** *:* reptile légendaire qui pouvait tuer par son seul regard.

LA NOURRICE. – J'ai vu la blessure, je l'ai vue de mes yeux... Par la croix du Sauveur... là, sur sa mâle poitrine... Un triste cadavre, un triste cadavre ensanglanté, pâle, pâle comme la cendre, tout couvert de sang, de sang caillé... À le voir, je me suis évanouie.

JULIETTE. – Oh! renonce, mon cœur; pauvre failli[1], fais banqueroute[2] à cette vie! En prison, mes yeux! Fermez-vous à la libre lumière! Terre vile, retourne à la terre, cesse de te mouvoir, et, Roméo et toi, affaissez-vous dans le même tombeau.

LA NOURRICE. – Ô Tybalt, Tybalt, le meilleur ami que j'eusse! Ô courtois Tybalt! honnête gentilhomme! Faut-il que j'aie vécu pour te voir mourir!

JULIETTE. – Quel est cet ouragan dont les rafales se heurtent? Roméo est-il tué et Tybalt est-il mort? Mon cher cousin, et mon mari plus cher! Alors, que sonne la trompette terrible du dernier jugement! Car qui donc est vivant, si ces deux-là ne sont plus?

LA NOURRICE. – Tybalt n'est plus, et Roméo est banni! Roméo, qui l'a tué, est banni.

JULIETTE. – Ô mon Dieu! Est-ce que la main de Roméo a versé le sang de Tybalt?

LA NOURRICE. – Oui, oui, hélas! oui.

JULIETTE. – Ô cœur reptile caché sous la beauté en fleur! Jamais dragon occupa-t-il une caverne si splendide! Gracieux tyran! démon angélique! corbeau aux plumes de colombe! agneau ravisseur de loups! méprisable substance d'une forme divine! Juste l'opposé de ce que tu sembles être justement, saint damné, noble misérable! Ô nature, à quoi réservais-tu l'enfer, quand tu reléguas l'esprit d'un démon dans le paradis mortel d'un corps si exquis? Jamais livre contenant aussi vile

Notes

1. *failli :* qui a perdu ses revenus.

2. *fais banqueroute :* fais faillite, d'où renonce.

rapsodie[1] fut-il si bien relié ? Oh ! que la perfidie habite un si magnifique palais !

LA NOURRICE. – Il n'y a plus à se fier aux hommes ; chez eux ni bonne foi, ni honneur, ce sont tous des parjures, tous des traîtres, tous des vauriens, tous des hypocrites... Ah ! où est mon valet ? Vite, qu'on me donne de l'eau-de-vie ! Ces chagrins, ces malheurs, ces peines me font vieillir. Honte à Roméo !

JULIETTE. – Que ta langue se couvre d'ampoules après un pareil souhait ! Il n'est pas né pour la honte, lui. La honte serait honteuse de siéger sur son front ; car c'est un trône où l'honneur devrait être couronné monarque absolu de l'univers. Oh ! quel monstre j'étais de l'outrager ainsi !

LA NOURRICE. – Pouvez-vous dire du bien de celui qui a tué votre cousin ?

JULIETTE. – Dois-je dire du mal de celui qui est mon mari ? Ah ! mon pauvre seigneur, quelle est la langue qui caressera ta renommée, quand moi, ton épousée depuis trois heures, je la déchire ? Mais pourquoi, méchant, as-tu tué mon cousin ? C'est que, sans cela, ce méchant cousin aurait tué mon Roméo ! Arrière, larmes folles, retournez à votre source naturelle : il n'appartient qu'à la douleur, ce tribut[2] que par méprise vous offrez à la joie. Mon mari, que Tybalt voulait tuer, est vivant ; et Tybalt, qui voulait tuer mon mari, est mort. Tout cela est heureux : pourquoi donc pleurer ?... Ah ! il y a un mot, plus terrible que la mort de Tybalt, qui m'a assassinée ! je voudrais bien l'oublier, mais, hélas ! il pèse sur ma mémoire comme une faute damnable sur l'âme du pécheur. *Tybalt est mort et Roméo est... banni.* Banni ! ce seul mot *banni* a tué pour moi dix mille Tybalt. Que Tybalt mourût, c'était un malheur

Notes

1. ***rapsodie :*** poème épique.

2. ***tribut :*** ce que l'on doit payer à la suite d'une défaite.

suffisant, se fût-il arrêté là. Si même le malheur inexorable ne se plaît qu'en compagnie, s'il a besoin d'être escorté par d'autres catastrophes, pourquoi, après m'avoir dit : *Tybalt est mort*, n'a-t-elle pas ajouté : *Ton père aussi*, ou *ta mère aussi*, ou même *ton père et ta mère aussi* ? Cela m'aurait causé de tolérables angoisses. Mais, à la suite de la mort de Tybalt, faire surgir cette arrière-garde : *Roméo est banni*, prononcer seulement ces mots, c'est tuer, c'est faire mourir à la fois père, mère, Tybalt, Roméo et Juliette ! *Roméo est banni !* Il n'y a ni fin, ni limite, ni mesure, ni borne à ce mot meurtrier ! Il n'y a pas de cri pour rendre cette douleur-là. Mon père et ma mère, où sont-ils, nourrice ?

LA NOURRICE. – Ils pleurent et sanglotent sur le corps de Tybalt. Voulez-vous aller près d'eux ? Je vous y conduirai.

JULIETTE. – Ils lavent ses blessures de leurs larmes ! Les miennes, je les réserve, quand les leurs seront séchées, pour le bannissement de Roméo. Ramasse ces cordes… Pauvre échelle, te voilà déçue comme moi, car Roméo est exilé : il avait fait de toi un chemin jusqu'à mon lit ; mais, restée vierge, il faut que je meure dans un virginal veuvage. À moi, cordes ! à moi, nourrice ! je vais au lit nuptial, et au lieu de Roméo, c'est le sépulcre[1] qui prendra ma virginité.

LA NOURRICE. – Courez à votre chambre ; je vais trouver Roméo pour qu'il vous console… Je sais bien où il est… Entendez-vous, votre Roméo sera ici cette nuit ; je vais à lui ; il est caché dans la cellule de Laurence.

JULIETTE, *détachant une bague de son doigt.* – Oh ! trouve-le ! Remets cet anneau à mon fidèle chevalier, et dis-lui de venir me faire ses derniers adieux.

Note

1. ***sépulcre :*** tombeau.

SCÈNE 3

La cellule de frère Laurence. Entrent frère Laurence, puis Roméo. Le jour baisse.

LAURENCE. – Viens, Roméo ; viens, homme sinistre[1] ; l'affliction s'est enamourée[2] de ta personne, et tu es fiancé à la calamité.

ROMÉO. – Quoi de nouveau, mon père ? Quel est l'arrêt[3] du prince ? Quel est le malheur inconnu qui sollicite accès près de moi ?

LAURENCE. – Tu n'es que trop familier avec cette triste société, mon cher fils. Je viens t'apprendre l'arrêt du prince.

ROMÉO. – Quel arrêt, plus doux qu'un arrêt de mort, a-t-il pu prononcer ?

LAURENCE. – Un jugement moins rigoureux a échappé à ses lèvres : il a décidé, non la mort, mais le bannissement du corps.

ROMÉO. – Ah ! le bannissement ! Par pitié, dis la mort ! L'exil a l'aspect plus terrible, bien plus terrible que la mort. Ne dis pas le bannissement !

LAURENCE. – Tu es désormais banni de Vérone. Prends courage ; le monde est grand et vaste.

ROMÉO. – Hors des murs de Vérone, le monde n'existe pas ; il n'y a que purgatoire, torture, enfer, même. Être banni d'ici, c'est être banni du monde, et cet exil-là, c'est la mort. Donc le bannissement, c'est la mort sous un faux nom. En appelant la mort bannissement, tu me tranches la tête avec une hache d'or, et tu souris au coup qui me tue !

Notes

1. ***sinistre :*** qui présage le malheur.
2. ***l'affliction s'est enamourée :*** la douleur est tombée amoureuse de.
3. ***arrêt :*** décision.

LAURENCE. – Ô péché mortel ! Ô grossière ingratitude ! Selon notre loi, ta faute, c'était la mort ; mais le bon prince, prenant ton parti, a tordu la loi, et à ce mot sombre, la mort, a substitué le bannissement. C'est une grâce insigne[1], et tu ne le vois pas.

ROMÉO. – C'est une torture, et non une grâce ! Le ciel est là où vit Juliette : un chat, un chien, une petite souris, l'être le plus immonde, vivent dans le paradis et peuvent la contempler, mais Roméo ne le peut pas. La mouche du charnier[2] est plus privilégiée, plus comblée d'honneur, plus favorisée que Roméo ; elle peut saisir les blanches merveilles de la chère main de Juliette, et dérober une immortelle béatitude sur ces lèvres qui, dans leur pure et vestale[3] modestie, rougissent sans cesse, comme d'un péché, du baiser qu'elles se donnent ! Mais Roméo ne le peut pas, il est exilé. Ce bonheur que la mouche peut avoir, je dois le fuir, moi ; elle est libre, mais je suis banni. Et tu dis que l'exil n'est pas la mort ! Tu n'avais donc pas un poison subtil, un couteau bien affilé, un instrument quelconque de mort subite, tu n'avais donc, pour me tuer, que ce mot : *Banni !... banni !* Ce mot-là, mon père, les damnés de l'enfer l'emploient et le prononcent dans des hurlements ! Comment as-tu le cœur, toi, prêtre, toi, confesseur spirituel, toi qui remets les péchés[4] et t'avoues mon ami, de me broyer avec ce mot : *bannissement ?*

LAURENCE. – Fou d'amour, laisse-moi te dire une parole.

ROMÉO. – Oh ! tu vas encore me parler de bannissement.

LAURENCE. – Je vais te donner une armure à l'épreuve de ce mot. La philosophie, ce doux lait de l'adversité, te soutiendra dans ton bannissement.

Notes

1. ***grâce insigne :*** faveur remarquable.
2. ***charnier :*** fosse où sont entassés des cadavres.
3. ***vestale (adjectif) :*** chaste.
4. ***toi qui remets les péchés :*** toi qui fais disparaître les péchés.

ROMÉO. – Encore le bannissement!... Au gibet[1] la philosophie! Si la philosophie ne peut pas faire une Juliette, déplacer une ville, renverser l'arrêt d'un prince, elle ne sert à rien, elle n'est bonne à rien, ne m'en parle plus!

LAURENCE. – Oh! je le vois bien, les fous n'ont pas d'oreilles!

ROMÉO. – Comment en auraient-ils, quand les sages n'ont pas d'yeux?

LAURENCE. – Laisse-moi discuter avec toi sur ta situation.

ROMÉO. – Tu ne peux pas parler de ce que tu ne sens pas. Si tu étais jeune comme moi et que Juliette fût ta bien-aimée, si, marié depuis une heure, tu avais tué Tybalt, si tu étais éperdu comme moi et comme moi banni, alors tu pourrais parler, alors tu pourrais t'arracher les cheveux, et te jeter contre terre, comme je fais en ce moment, pour y prendre d'avance la mesure d'une tombe! *(Il s'affaisse à terre. On frappe à la porte.)*

LAURENCE. – Lève-toi, on frappe... Bon Roméo, cache-toi.

ROMÉO. – Je ne me cacherai pas; à moins que mes douloureux soupirs ne fassent autour de moi un nuage qui me dérobe aux regards! *(On frappe encore.)*

LAURENCE. – Entends-tu comme on frappe?... Qui est là?... Roméo, lève-toi, tu vas être pris... Attendez un moment... Debout! Cours à mon laboratoire!... *(On frappe.)* Tout à l'heure!... Mon Dieu, quelle démence!... *(On frappe.)* J'y vais, j'y vais! *(Allant à la porte.)* Qui donc frappe si fort? D'où venez-vous? que voulez-vous?

LA NOURRICE, *du dehors.* – Laissez-moi entrer, et vous connaîtrez mon message. Je viens de la part de madame Juliette.

LAURENCE, *ouvrant.* – Soyez la bienvenue, alors.

Entre la nourrice.

Note

1. *au gibet :* à la potence (lieu de pendaison).

LA NOURRICE. – Ô saint moine, oh ! dites-moi, saint moine, où est le seigneur de madame, où est Roméo ?

LAURENCE. – Là, par terre, ivre de ses propres larmes.

LA NOURRICE. – Oh ! dans le même état que ma maîtresse, juste dans le même état.

LAURENCE. – Ô triste sympathie ! lamentable situation !

LA NOURRICE. – C'est ainsi qu'elle est affaissée, sanglotant et pleurant, pleurant et sanglotant !... *(Se penchant sur Roméo.)* Debout, debout. Levez-vous, si vous êtes un homme. Au nom de Juliette, au nom de Juliette, levez-vous, debout ! Pourquoi tomber dans un si profond désespoir ?

ROMÉO, *se redressant comme en sursaut.* – La nourrice !

LA NOURRICE. – Ah ! monsieur ! ah ! monsieur !... Voyons, la mort est au bout de tout.

ROMÉO. – Tu as parlé de Juliette ! en quel état est-elle ? Est-ce qu'elle ne me regarde pas comme un assassin endurci, maintenant que j'ai souillé l'enfance de notre bonheur d'un sang si proche du sien ? Où est-elle ? et comment est-elle ? Que dit ma mystérieuse compagne de notre amoureuse misère ?

LA NOURRICE. – Oh ! elle ne dit rien, monsieur ; mais elle pleure, elle pleure ; et alors elle se jette sur son lit, et puis elle se redresse, et appelle Tybalt ; et puis elle crie : Roméo ! et puis elle retombe.

ROMÉO. – Il semble que ce nom, lancé par quelque fusil meurtrier, l'assassine, comme la main maudite qui répond à ce nom a assassiné son cousin !... Oh ! dis-moi, prêtre, dis-moi dans quelle vile partie de ce squelette est logé mon nom ; dis-le-moi, pour que je mette à sac ce hideux repaire ! *(Il tire son poignard comme pour s'en frapper, la nourrice le lui arrache.)*

LAURENCE. – Retiens ta main désespérée ! Es-tu un homme ? ta forme crie que tu en es un ; mais tes larmes sont d'une femme, et ta sauvage action dénonce la furie déraisonnable d'une bête brute. Ô femme disgracieuse qu'on croirait un homme, bête monstrueuse qu'on croirait homme et femme, tu m'as étonné !… Par notre saint ordre, je croyais ton caractère mieux trempé[1]. Tu as tué Tybalt et tu veux te tuer ! tu veux tuer la femme qui ne respire que par toi, en assouvissant sur toi-même une haine damnée ! Pourquoi insultes-tu à la vie, au ciel et à la terre ? La vie, le ciel et la terre se sont tous trois réunis pour ton existence ; et tu veux renoncer à tous trois ! Fi ! fi ! tu fais honte à ta beauté, à ton amour, à ton esprit. Usurier[2], tu regorges de tous les biens, et tu ne les emploies pas à ce légitime usage qui ferait honneur à ta beauté, à ton amour, à ton esprit. Ta noble beauté n'est qu'une image de cire, dépourvue d'énergie virile ; ton amour, ce tendre engagement, n'est qu'un misérable parjure[3], qui tue celle que tu avais fait vœu de chérir ; ton esprit, cet ornement de la beauté et de l'amour, n'en est chez toi que le guide égaré : comme la poudre dans la calebasse[4] d'un soldat maladroit, il prend feu par ta propre ignorance et te mutile au lieu de te défendre. Allons, relève-toi, l'homme ! Elle vit, ta Juliette, cette chère Juliette pour qui tu mourais tout à l'heure : n'es-tu pas heureux ? Tybalt voulait t'égorger, mais tu as tué Tybalt : n'es-tu pas heureux encore ? La loi qui te menaçait de la mort devient ton amie et change la sentence en exil : n'es-tu pas heureux toujours ? Les bénédictions pleuvent sur ta tête, la fortune te courtise sous ses plus beaux atours ; mais toi, maussade comme une fille mal élevée, tu fais la moue au bonheur et à l'amour. Prends garde, prends garde, c'est ainsi qu'on meurt misérable. Allons, rends-toi près de ta bien-aimée, comme il a été convenu : monte dans

Notes

1. *mieux trempé :* plus ferme.
2. *usurier :* homme qui prête de l'argent contre des intérêts.
3. *parjure :* faux serment.
4. *calebasse :* récipient qui contient la poudre pour les armes à feu.

sa chambre et va la consoler; mais surtout quitte-la avant la fin de la nuit, car alors tu ne pourrais plus gagner Mantoue; et c'est là que tu dois vivre jusqu'à ce que nous trouvions le moment favorable pour proclamer ton mariage, réconcilier vos familles, obtenir le pardon du prince et te rappeler ici. Tu reviendras alors plus heureux un million de fois que tu n'auras été désolé au départ... Va en avant, nourrice, recommande-moi à ta maîtresse, et dis-lui de faire coucher son monde de bonne heure; le chagrin dont tous sont accablés les disposera vite au repos... Roméo te suit.

LA NOURRICE. – Vrai Dieu! je pourrais rester ici toute la nuit à écouter vos bons conseils. Oh! ce que c'est que la science! *(À Roméo.)* Mon seigneur, je vais annoncer à madame que vous allez venir.

ROMÉO. – Va, et dis à ma bien-aimée de s'apprêter à me gronder.

LA NOURRICE, *lui remettant une bague.* – Voici, monsieur, un anneau qu'elle m'a dit de vous donner. Monsieur, accourez vite, dépêchez-vous, car il se fait tard. *(La nourrice sort.)*

ROMÉO, *mettant la bague.* – Comme ceci ranime mon courage!

LAURENCE. – Partez. Bonne nuit. Mais faites-y attention, tout votre sort en dépend, quittez Vérone avant la fin de la nuit, ou éloignez-vous à la pointe du jour sous un déguisement. Restez à Mantoue; votre valet, que je saurai trouver, vous instruira de temps à autre des incidents heureux pour vous qui surviendront ici... Donne-moi ta main; il est tard : adieu; bonne nuit.

ROMÉO. – Si une joie au-dessus de toute joie ne m'appelait ailleurs, j'aurais un vif chagrin à me séparer de toi si vite. Adieu. *(Ils sortent.)*

SCÈNE 4

Dans la maison de Capulet.
Entrent Capulet, Lady Capulet et Pâris.

CAPULET. – Les choses ont tourné si malheureusement, messire, que nous n'avons pas eu le temps de disposer[1] notre fille. C'est que, voyez-vous, elle aimait chèrement son cousin Tybalt, et moi aussi… Mais quoi ! nous sommes nés pour mourir. Il est très tard ; elle ne descendra pas ce soir. Je vous promets que, sans votre compagnie, je serais au lit depuis une heure.

PÂRIS. – Quand la mort parle, ce n'est pas pour l'amour le moment de parler. Madame, bonne nuit : présentez mes hommages à votre fille.

LADY CAPULET. – Oui, messire, et demain de bonne heure je connaîtrai sa pensée. Ce soir elle est cloîtrée dans sa douleur.

CAPULET. – Sire Pâris, je puis hardiment vous offrir l'amour de ma fille ; je pense qu'elle se laissera diriger par moi en toutes choses ; bien plus, je n'en doute pas… Femme, allez la voir avant d'aller au lit ; apprenez-lui l'amour de mon fils Pâris, et dites-lui, écoutez bien, que mercredi prochain… Mais doucement ! quel jour est-ce ?

PÂRIS. – Lundi, monseigneur.

CAPULET. – Lundi ? hé ! hé ! alors, mercredi est trop tôt. Ce sera pour jeudi… dites-lui que jeudi elle sera mariée à ce noble comte… Serez-vous prêt ? Cette hâte vous convient-elle ? Nous ne ferons pas grand fracas ! un ami ou deux ! Car, voyez-vous, le meurtre de Tybalt étant si récent, on pourrait croire que nous nous soucions fort peu de notre parent, si nous faisions de grandes réjouissances. Conséquemment, nous aurons une demi-douzaine d'amis, et ce sera tout. Mais que dites-vous de jeudi ?

Note

1. *disposer :* préparer à accepter.

PÂRIS. – Monseigneur, je voudrais que jeudi fût demain.

CAPULET. – Bon; vous pouvez partir... Ce sera pour jeudi, alors. Vous, femme, allez voir Juliette avant d'aller au lit, et préparez-la pour la noce... Adieu, messire... De la lumière dans ma chambre, holà! Ma foi, il est déjà si tard qu'avant peu il sera de bonne heure... Bonne nuit. *(Ils sortent.)*

SCÈNE 5

La chambre à coucher de Juliette. Entrent Roméo et Juliette.

JULIETTE. – Veux-tu donc partir? le jour n'est pas proche encore; c'était le rossignol et non l'alouette dont la voix perçait ton oreille craintive. Toutes les nuits il chante sur le grenadier, là-bas. Crois-moi, amour, c'était le rossignol.

ROMÉO. – C'était l'alouette, la messagère du matin, et non le rossignol. Regarde, amour, ces lueurs jalouses qui dentellent le bord des nuages à l'Orient! Les flambeaux de la nuit sont éteints, et le jour joyeux se dresse sur la pointe du pied au sommet brumeux de la montagne. Je dois partir et vivre, ou rester et mourir.

JULIETTE. – Cette clarté là-bas n'est pas la clarté du jour, je le sais bien, moi; c'est quelque météore que le soleil exhale[1] pour te servir de torche cette nuit et éclairer ta marche vers Mantoue. Reste donc, tu n'as pas besoin de partir encore.

ROMÉO. – Soit! qu'on me prenne, qu'on me mette à mort; je suis content, si tu le veux ainsi. Non, cette lueur grise n'est pas le regard du matin, elle n'est que le pâle reflet du front de Cynthia[2]; et ce n'est pas l'alouette qui frappe de notes si hautes la voûte du ciel au-dessus de nos têtes. J'ai plus le désir

Notes

1. ***exhale*** : laisse échapper.

2. ***Cynthia*** : surnom de Diane, déesse du Cynthe, montagne de Délos (la plus petite des Cyclades, archipel grec).

de rester que la volonté de partir. Vienne la mort, et elle sera bien venue!... Ainsi le veut Juliette... Comment êtes-vous, mon âme? Causons, il n'est pas jour.

JULIETTE. – C'est le jour, c'est le jour! Fuis vite, va-t'en, pars : c'est l'alouette qui détonne ainsi, et qui lance ces notes rauques, ces strettes[1] déplaisantes. On dit que l'alouette prolonge si doucement les accords; cela n'est pas, car elle rompt le nôtre. On dit que l'alouette et le hideux crapaud ont changé d'yeux : oh! que n'ont-ils aussi changé de voix, puisque cette voix nous arrache effarés l'un à l'autre et te chasse d'ici par son hourvari[2] matinal! Oh! maintenant pars. Le jour est de plus en plus clair.

ROMÉO. – De plus en plus clair?... De plus en plus sombre est notre malheur.

Entre la nourrice.

LA NOURRICE. – Madame!

JULIETTE. – Nourrice!

LA NOURRICE. – Madame votre mère va venir dans votre chambre. Le jour paraît; soyez prudente, faites attention. *(La nourrice sort.)*

JULIETTE. – Allons, fenêtre, laissez entrer le jour et sortir ma vie.

ROMÉO. – Adieu, adieu! un baiser, et je descends. *(Ils s'embrassent. Roméo descend.)*

JULIETTE, *se penchant sur le balcon.* – Te voilà donc parti? amour, seigneur, époux, ami! Il me faudra de tes nouvelles à chaque heure du jour, car il y a tant de jours dans une minute! Oh! à ce compte-là, je serai bien vieille, quand je reverrai mon Roméo.

Notes

1. ***strettes :*** trilles (terme musical qui désigne un passage rapide).

2. ***hourvari :*** vacarme.

Roméo, Juliette et la nourrice. Gravure du XIXe siècle.

Roméo (Khalifa Natoor) et Juliette (Orna Katz). Mise en scène de Fouad Awad et Eran Baniel, théâtre La Métaphore, Lille, 1994.

ROMÉO. – Adieu ! je ne perdrai pas une occasion, mon amour, de t'envoyer un souvenir.

JULIETTE. – Oh ! crois-tu que nous nous rejoindrons jamais ?

ROMÉO. – Je n'en doute pas ; et toutes ces douleurs feront le doux entretien de nos moments à venir.

JULIETTE. – Ô Dieu ! j'ai dans l'âme un présage fatal. Maintenant que tu es en bas, tu m'apparais comme un mort au fond d'une tombe. Ou mes yeux me trompent, ou tu es bien pâle.

ROMÉO. – Crois-moi, amour, tu me sembles bien pâle aussi. L'angoisse aride boit notre sang. Adieu ! adieu ! *(Roméo sort.)*

JULIETTE. – Ô fortune ! fortune ! tout le monde te dit capricieuse ! Si tu es capricieuse, qu'as-tu à faire avec un homme d'aussi illustre constance[1] ? Fortune, sois capricieuse, car alors tu ne le retiendras pas longtemps, j'espère, et tu me le renverras.

LADY CAPULET, *du dehors.* – Holà ! ma fille ! êtes-vous levée ?

JULIETTE. – Qui m'appelle ? est-ce madame ma mère ? Se serait-elle couchée si tard ou levée si tôt ? Quel étrange motif l'amène ?

Entre Lady Capulet.

LADY CAPULET. – Eh bien, comment êtes-vous, Juliette ?

JULIETTE. – Je ne suis pas bien, madame.

LADY CAPULET. – Toujours à pleurer la mort de votre cousin ?... Prétends-tu donc le laver de la poussière funèbre avec tes larmes ? Quand tu y parviendrais, tu ne pourrais pas le faire revivre. Cesse donc : un chagrin raisonnable prouve l'affection ; mais un chagrin excessif prouve toujours un manque de sagesse.

JULIETTE. – Laissez-moi pleurer encore une perte aussi sensible.

Note

1. *constance :* fidélité.

LADY CAPULET. – Vous ne sentirez que plus vivement cette perte, sans sentir plus près de vous l'ami que vous pleurez.

JULIETTE. – Je sens si vivement la perte de cet ami que je ne puis m'empêcher de le pleurer toujours.

LADY CAPULET. – Va, ma fille, ce qui te fait pleurer, c'est moins de le savoir mort que de savoir vivant l'infâme qui l'a tué.

JULIETTE. – Quel infâme, madame ?

LADY CAPULET. – Eh bien ! cet infâme Roméo !

JULIETTE. – Entre un infâme et lui, il y a bien des milles de distance. Que Dieu lui pardonne ! Moi, je lui pardonne de tout mon cœur ; et pourtant nul homme ne navre mon cœur autant que lui.

LADY CAPULET. – Parce qu'il vit, le traître !

JULIETTE. – Oui, madame, et trop loin de mes bras. Que ne suis-je chargée de venger mon cousin !

LADY CAPULET. – Nous obtiendrons vengeance, sois-en sûre. Ainsi ne pleure plus. Je ferai prévenir quelqu'un à Mantoue, où vit maintenant ce vagabond banni : on lui donnera une potion insolite[1] qui l'enverra vite tenir compagnie à Tybalt, et alors j'espère que tu seras satisfaite.

JULIETTE. – Je ne serai vraiment satisfaite que quand je verrai Roméo… supplicié, torturé est mon pauvre cœur, depuis qu'un tel parent m'est enlevé. Madame, trouvez seulement un homme pour porter le poison ; moi, je le préparerai, et si bien qu'après l'avoir pris, Roméo dormira vite en paix. Oh ! quelle horrible souffrance pour mon cœur de l'entendre nommer, sans pouvoir aller jusqu'à lui, pour assouvir l'amour que je portais à mon cousin sur le corps de son meurtrier !

Note

1. *potion insolite* : boisson médicamenteuse inhabituelle.

LADY CAPULET. – Trouve les moyens, toi; moi, je trouverai l'homme. Maintenant, fille, j'ai à te dire de joyeuses nouvelles.

JULIETTE. – La joie est la bienvenue quand elle est si nécessaire : quelles sont ces nouvelles? J'adjure[1] Votre Grâce.

LADY CAPULET. – Va, va, mon enfant, tu as un excellent père : pour te tirer de ton accablement, il a improvisé une journée de fête à laquelle tu ne t'attends pas et que je n'espérais guère.

JULIETTE. – Quel sera cet heureux jour, madame?

LADY CAPULET. – Eh bien, mon enfant, jeudi prochain, de bon matin, un galant, jeune et noble gentilhomme, le comte Pâris, te mènera à l'église Saint-Pierre et aura le bonheur de faire de toi sa joyeuse épouse.

JULIETTE. – Ah! par l'église de Saint-Pierre et par saint Pierre lui-même, il ne fera pas de moi sa joyeuse épouse. Je m'étonne de tant de hâte : ordonner ma noce, avant que celui qui doit être mon mari m'ait fait sa cour! Je vous en prie, madame, dites à mon seigneur et père que je ne veux pas me marier encore. Si jamais je me marie, je le jure, ce sera plutôt à ce Roméo que vous savez haï de moi, qu'au comte Pâris. Voilà des nouvelles en vérité.

LADY CAPULET. – Voici votre père qui vient; faites-lui vous-même votre réponse, et nous verrons comment il la prendra.

Entrent Capulet et la nourrice.

CAPULET, *regardant Juliette qui sanglote.* – Quand le soleil disparaît, la terre distille la rosée, mais, après la disparition du radieux fils de mon frère, il pleut tout de bon. Eh bien! es-tu devenue gouttière, fillette? Quoi, toujours des larmes! toujours des averses! Dans ta petite personne tu figures à la fois la barque, la mer et le vent : tes yeux, que je puis comparer à la mer, ont sans cesse un flux et un reflux de larmes; ton corps

Note

1. *j'adjure :* je supplie.

est la barque qui flotte au gré de cette onde salée, et tes soupirs sont les vents qui, luttant de furie avec tes larmes, finiront, si un calme subit ne survient, par faire sombrer ton corps dans la tempête… Eh bien, femme, lui avez-vous signifié notre décision ?

LADY CAPULET. – Oui, messire ; mais elle refuse ; elle vous remercie. La folle ! je voudrais qu'elle fût mariée à son linceul[1] !…

CAPULET. – Doucement, je n'y suis pas, je n'y suis pas, femme. Comment ! elle refuse ! elle nous remercie et elle n'est pas fière, elle ne s'estime pas bien heureuse, tout indigne qu'elle est, d'avoir, par notre entremise, obtenu pour mari un si digne gentilhomme !

JULIETTE. – Je ne suis pas fière, mais reconnaissante ; fière, je ne puis l'être de ce que je hais comme un mal. Mais je suis reconnaissante du mal même qui m'est fait par amour.

CAPULET. – Eh bien, eh bien, raisonneuse, qu'est-ce que cela signifie ? Je vous remercie et je ne vous remercie pas… Je suis fière et je ne suis pas fière !… Mignonne donzelle, dispensez-moi de vos remerciements et de vos fiertés, et préparez vos fines jambes pour vous rendre jeudi prochain à l'église Saint-Pierre en compagnie de Pâris ; ou je t'y traînerai sur la claie[2], moi ! Ah ! livide carogne ! ah ! bagasse ! Ah ! face de suif ![3]

LADY CAPULET. – Fi, fi ! perdez-vous le sens[4] ?

JULIETTE, *s'agenouillant.* – Cher père, je vous en supplie à genoux, ayez la patience de m'écouter ! rien qu'un mot !

Notes

1. *linceul :* drap dans lequel on enveloppe un mort.
2. *claie :* treillage en bois ou en fer sur lequel on emmenait un condamné au supplice.
3. *livide carogne ; bagasse ; face de suif :* insultes (une bagasse est une prostituée).
4. *perdez-vous le sens ? :* perdez-vous la raison ?

Juliette supplie son père à genoux. Gravure du XIXe siècle.

CAPULET. – Au diable, petite bagasse! misérable révoltée! Tu m'entends, rends-toi à l'église jeudi, ou évite de me rencontrer jamais face à face : ne parle pas, ne réplique pas, ne me réponds pas; mes doigts me démangent… Femme, nous croyions notre union pauvrement bénie, parce que Dieu ne nous avait prêté que cette unique enfant; mais, je le vois maintenant, cette enfant unique était déjà de trop, et nous avons été maudits en l'ayant. Arrière, éhontée[1]!

LA NOURRICE. – Que le Dieu du ciel la bénisse! Vous avez tort, monseigneur, de la traiter ainsi.

CAPULET. – Et pourquoi donc, dame Sagesse?… Retenez votre langue, maîtresse Prudence, et allez bavarder avec vos commères[2].

LA NOURRICE. – Ce que je dis n'est pas un crime.

CAPULET. – Au nom du ciel, bonsoir!

LA NOURRICE. – Peut-on pas dire un mot?

CAPULET. – Paix, stupide radoteuse! Allez émettre vos sentences en buvant un bol chez une commère, car ici nous n'en avons pas besoin.

LADY CAPULET. – Vous êtes trop brusque.

CAPULET. – Jour de Dieu! j'en deviendrai fou. Le jour, la nuit, à toute heure, à toute minute, à tout moment, que je fusse occupé ou non, seul ou en compagnie, mon unique souci a été de la marier; enfin je trouve un gentilhomme de noble lignée, ayant de beaux domaines, jeune, d'une noble éducation, pétri, comme on dit, d'honorables qualités, un homme aussi accompli qu'un cœur peut le souhaiter, et il faut qu'une petite sotte pleurnicheuse, une poupée gémissante, quand on lui offre sa fortune, réponde : *Je ne veux pas me marier, je ne puis aimer, je suis trop jeune, je vous prie de me pardonner!* Ah! si vous

Notes

1. ***éhontée :*** qui n'a pas honte de mal faire.

2. ***commères :*** compagnes.

ne vous mariez pas, vous verrez comme je vous pardonne; allez paître où vous voudrez, vous ne logerez plus avec moi. Faites-y attention, songez-y, je n'ai pas coutume de plaisanter. Jeudi approche; mettez la main sur votre cœur, et réfléchissez. Si vous êtes ma fille, je vous donnerai à mon ami; si tu ne l'es plus, va au diable, mendie, meurs de faim dans les rues. Car, sur mon âme, jamais je ne te reconnaîtrai, et jamais rien de ce qui est à moi ne sera ton bien. Compte là-dessus, réfléchis, je tiendrai parole. *(Il sort.)*

JULIETTE. – N'y a-t-il pas de pitié, planant dans les nuages, qui voie au fond de ma douleur? Ô ma mère bien-aimée, ne me rejetez pas, ajournez[1] ce mariage d'un mois, d'une semaine! Sinon, dressez le lit nuptial dans le sombre monument où Tybalt repose!

LADY CAPULET. – Ne me parle plus, car je n'ai rien à te dire; fais ce que tu voudras, car entre toi et moi tout est fini. *(Elle sort.)*

JULIETTE. – Ô mon Dieu!... Nourrice, comment empêcher cela? Mon mari est encore sur la terre, et ma foi est au ciel; comment donc ma foi peut-elle redescendre ici-bas, tant que mon mari ne l'aura pas renvoyée du ciel en quittant la terre?... Console-moi, conseille-moi! Hélas! hélas! se peut-il que le ciel tende de pareils pièges à une créature aussi frêle que moi! Que dis-tu? n'as-tu pas un mot qui me soulage? Console-moi, nourrice.

LA NOURRICE. – Ma foi, écoutez : Roméo est banni; je gage[2] le monde entier contre néant qu'il n'osera jamais venir vous réclamer; s'il le fait, il faudra que ce soit à la dérobée. Donc, puisque tel est le cas, mon avis, c'est que vous épousiez le comte. Oh! c'est un si aimable gentilhomme! Roméo n'est qu'un torchon près de lui!... Un aigle, madame, n'a pas l'œil aussi vert, aussi vif, aussi brillant que Pâris. Maudit soit mon

Notes

1. *ajournez :* reportez.

2. *je gage :* je parie.

cœur, si je ne vous trouve pas bien heureuse de ce second mariage ! il vaut mieux que votre premier. Au surplus, votre premier est mort, ou autant vaudrait qu'il le fût, que de vivre sans vous être bon à rien.

JULIETTE. – Parles-tu du fond du cœur ?

LA NOURRICE. – Et du fond de mon âme ; sinon, malédiction à tous deux !

JULIETTE. – Amen !

LA NOURRICE. – Quoi ?

JULIETTE. – Ah ! tu m'as merveilleusement consolée. Va dire à madame qu'ayant déplu à mon père, je suis allée à la cellule de Laurence, pour me confesser et recevoir l'absolution[1].

LA NOURRICE. – Oui, certes, j'y vais. Vous faites sagement. *(Elle sort.)*

JULIETTE, *regardant s'éloigner la nourrice.* – Ô vieille damnée ! abominable démon ! Je ne sais quel est ton plus grand crime, ou de souhaiter que je me parjure, ou de ravaler mon seigneur de cette même bouche qui l'a exalté[2] au-dessus de toute comparaison tant de milliers de fois… Va-t'en, conseillère ; entre toi et mon cœur il y a désormais rupture. Je vais trouver le religieux pour lui demander un remède ; à défaut de tout autre, j'ai la ressource de mourir. *(Elle sort.)*

Notes

1. ***absolution :*** pardon des péchés.
2. ***qui l'a exalté :*** qui en a fait l'éloge.

Au fil du texte

Questions sur l'acte III (pp. 81 à 112)

AVEZ-VOUS BIEN LU ?

1. Pourquoi Roméo répond-il sans colère aux insultes de Tybalt ? Mercutio peut-il comprendre ce comportement (scène 1) ?

2. Comment et pourquoi Mercutio meurt-il ? Que Roméo se reproche-t-il après la mort de Mercutio ? Comment réagit-il (scène 1) ?

3. À quoi le prince condamne-t-il Roméo (scène 1) ?

4. Sur quel malentendu repose le début du dialogue entre Juliette et la nourrice (scène 2) ?

5. Pourquoi la nourrice décide-t-elle brusquement d'aller chercher Roméo (scène 2) ?

6. Qu'ordonne le frère Laurence à Roméo à la fin de la scène 3 ?

7. Quel jour Capulet choisit-il pour le mariage de sa fille avec Pâris (scène 4) ?

8. Sur quel quiproquo* repose le dialogue entre Juliette et sa mère (scène 5) ?

9. Que propose la nourrice à Juliette à la fin de l'entretien (scène 5) ?

***quiproquo* : malentendu qui fait prendre quelqu'un pour quelqu'un d'autre, ou une chose pour une autre ; il peut dépendre d'une situation inattendue ou de paroles à double sens ; il peut être comique ou tragique.**

ÉTUDIER LE VOCABULAIRE ET LA GRAMMAIRE

10 Quel jeu de mots Mercutio fait-il à partir de l'expression : *« Tu es de concert avec Roméo »* (scène 1, l. 49) prononcée par Tybalt ? Sur quel champ lexical* s'appuie-t-il ?

champ lexical : **ensemble des mots ou expressions qui se rapportent au même thème, quelle que soit leur classe grammaticale : nom, adjectif, verbe, etc.**

11 Cherchez et expliquez un peu plus loin une autre réplique où il joue également sur les mots (scène 1).

12 Quels sont les modes, les temps et les valeurs des verbes des deux dernières phrases de la réplique du prince qui conclut la scène 1 ? Justifiez leur emploi.

ÉTUDIER LE DISCOURS

Le discours narratif et le discours argumentatif

- **Discours narratif :** type d'énoncé qui permet d'effectuer le récit d'événements réels ou imaginaires.
- **Discours argumentatif :** type d'énoncé qui permet de soutenir une thèse ou d'en réfuter une autre, par des arguments et des exemples.

13 Étudiez le discours narratif dans le récit de Benvolio à partir de *« Tybalt, que vous voyez ici* [...] *»* (scène 1, l. 170 à 190) : emploi des temps, leurs valeurs, le champ lexical dominant, les images, les paroles rapportées.

14 Étudiez le discours argumentatif dans la tirade prononcée par le frère Laurence à partir de *« Retiens ta main désespérée ! »* (scène 3, l. 464 à 505) : par quels arguments cherche-t-il à détourner Roméo du suicide ? À quelles formes de phrases a-t-il recours le plus souvent ?

ÉTUDIER LE GENRE : REBONDISSEMENTS ET COUPS DE THÉÂTRE DRAMATIQUES

15 Quels sont les différents rebondissements qui se succèdent dans l'acte III ? Dans quels lieux se déroulent-ils ?

16 Quel rythme donnent-ils à cet acte ? Quel est l'effet produit sur le spectateur ?

17 Quels personnages secondaires y sont associés ?

ÉTUDIER L'ÉCRITURE

18 Expliquez l'image employée par Roméo en parlant de lui : *« Oh ! je suis le bouffon de la fortune ! »* (scène 1, l. 149). Quel est le sens du mot *« fortune »* ici ?

19 Relevez les oxymores* dans la réplique de Juliette à partir de : *« Ô cœur reptile caché sous la beauté en fleur ! »* (scène 2, l. 284 à 293). À quels domaines appartiennent-ils ? Quel effet produisent-ils sur le spectateur ?

oxymore : **figure de style d'opposition qui désigne l'alliance de deux mots de sens opposés. Ex. : *« cette obscure clarté »*.**

ÉTUDIER UN THÈME : LA VIOLENCE

20 Étudiez les formes que prend la violence dans chaque scène de l'acte III : violence physique, verbale ou morale, violence contre autrui ou contre soi-même, etc.

21 Qui en est à l'origine, qui en est victime ?

22 Quel court passage échappe à l'omniprésence de la violence et pourquoi ?

Étudier l'extrait : l'acmé de la pièce

23 Dans la scène 1, quelle réplique de Roméo annonce la tragédie à venir ? En quoi est-elle prémonitoire* ?

24 Quelle est selon vous la scène qui constitue l'acmé* de la pièce et pourquoi ?

prémonitoire : **qui annonce l'avenir.**

acmé (n. m.) : **désigne le point culminant d'une intrigue théâtrale ; dans la tragédie, c'est le moment où l'action est totalement nouée, habituellement à l'acte III.**

Lire l'image

25 En quoi la photo, page 104, d'une mise en scène contemporaine de la pièce est-elle surprenante ? En quoi est-elle fidèle au texte ? À quel moment précis de la scène la situez-vous ? Décrivez le décor et les acteurs. Quels sentiments ceux-ci expriment-ils ? Quelles impressions le metteur en scène cherche-t-il à produire sur les spectateurs ?

26 Qui sont les personnages présents sur la gravure de la page 109 ? Décrivez leur attitude. Comment caractériser celle de Juliette ? Pourquoi agit-elle ainsi ?

À vos plumes !

27 À la manière de Juliette répondant à sa mère dans la scène 5, rédigez un dialogue dans lequel vous donnerez un double sens à vos propos pour ne pas être compris par votre interlocuteur. Présentez le contexte et le motif de ce dialogue dans l'introduction, pour faire partager la double énonciation au lecteur.

Acte IV

SCÈNE 1

La cellule de frère Laurence.
Entrent Laurence et Pâris.

LAURENCE. – Jeudi, seigneur! le terme[1] est bien court.

PÂRIS. – Mon père Capulet le veut ainsi, et je ne retarderai son empressement par aucun obstacle.

LAURENCE. – Vous ignorez encore, dites-vous, les sentiments de la dame. Voilà une marche peu régulière, et qui ne me plaît pas.

PÂRIS. – Elle ne cesse de pleurer la mort de Tybalt, et c'est pourquoi je lui ai peu parlé d'amour; car Vénus ne sourit guère dans une maison de larmes. Or, son père voit un danger à ce qu'elle se laisse ainsi dominer par la douleur; et, dans sa sagesse, il hâte notre mariage pour arrêter cette inondation de larmes. Le chagrin qui l'absorbe dans la solitude pourra se dissiper dans la société. Maintenant vous connaissez les raisons de cet empressement.

LAURENCE, *à part.* – Hélas! je connais trop celles qui devraient le ralentir! *(Haut.)* Justement, messire, voici la dame qui vient à ma cellule.

Entre Juliette.

PÂRIS. – Heureux de vous rencontrer, ma dame et ma femme!

Note

1. *terme* : délai.

JULIETTE. – Votre femme ! Je pourrai l'être quand je pourrai être mariée.

PÂRIS. – Vous pouvez et vous devez l'être, amour, jeudi prochain.

JULIETTE. – Ce qui doit être sera.

LAURENCE. – Voilà une vérité certaine.

PÂRIS, *à Juliette.* – Venez-vous faire votre confession à ce bon père ?

JULIETTE. – Répondre à cela, ce serait me confesser à vous.

PÂRIS. – Ne lui cachez pas que vous m'aimez.

JULIETTE. – Je vous confesse que je l'aime.

PÂRIS. – Comme vous confesserez, j'en suis sûr, que vous m'aimez.

JULIETTE. – Si je fais cet aveu, il aura plus de prix en arrière de vous qu'en votre présence.

PÂRIS. – Pauvre âme, les larmes ont bien altéré[1] ton visage.

JULIETTE. – Elles ont remporté là une faible victoire : il n'avait pas grand charme avant leurs ravages.

PÂRIS. – Ces paroles-là lui font plus d'injure que tes larmes.

JULIETTE. – Ce n'est pas une calomnie[2], monsieur, c'est une vérité ; et cette vérité, je la dis à ma face.

PÂRIS. – Ta beauté est à moi et tu la calomnies.

JULIETTE. – Il se peut, car elle ne m'appartient pas... Êtes-vous de loisir[3], saint père, en ce moment, ou reviendrai-je ce soir après vêpres[4] ?

LAURENCE. – J'ai tout mon loisir, pensive enfant... Mon seigneur, nous aurions besoin d'être seuls.

Notes

1. *altéré :* changé.
2. *calomnie :* fausse accusation.
3. *de loisir :* disponible.
4. *vêpres :* office religieux du soir.

PÂRIS. – Dieu me préserve de troubler la dévotion ! Juliette, jeudi, de bon matin, j'irai vous réveiller. Jusque-là, adieu, et recueillez ce pieux baiser. *(Il l'embrasse et sort.)*

JULIETTE. – Oh ! ferme la porte, et, cela fait, viens pleurer avec moi : plus d'espoir, plus de ressource, plus de remède.

LAURENCE. – Ah ! Juliette, je connais déjà ton chagrin, et j'ai l'esprit tendu par une anxiété inexprimable. Je sais que jeudi prochain, sans délai possible, tu dois être mariée au comte.

JULIETTE. – Ne me dis pas que tu sais cela, frère, sans me dire aussi comment je puis l'empêcher. Si dans ta sagesse tu ne trouves pas de remède, déclare seulement que ma résolution est sage, et sur-le-champ je remédie à tout avec ce couteau. *(Elle montre un poignard.)* Dieu a joint mon cœur à celui de Roméo ; toi, tu as joint nos mains ; et, avant que cette main, engagée par toi à Roméo, scelle un autre contrat, avant que mon cœur loyal, devenu perfide et traître, se donne à un autre, ceci aura eu raison de tous deux. Donc, en vertu de ta longue expérience, donne-moi vite un conseil ; sinon, regarde ! entre ma détresse et moi je prends ce couteau sanglant pour médiateur : c'est lui qui arbitrera le litige[1] que l'autorité de ton âge et de ta science n'aura pas su terminer à mon honneur. Réponds-moi sans retard ; il me tarde de mourir si ta réponse ne m'indique pas de remède !

LAURENCE. – Arrête, ma fille ; j'entrevois une espérance possible, mais le moyen nécessaire à son accomplissement est aussi désespéré que le mal que nous voulons empêcher. Si, plutôt que d'épouser le comte Pâris, tu as l'énergie de vouloir te tuer, il est probable que tu oseras affronter l'image de la mort pour repousser le déshonneur, toi qui, pour y échapper, veux provoquer la mort elle-même. Eh bien, si tu as ce courage, je te donnerai un remède.

Note

1. ***arbitrera le litige*** : prendra la décision.

JULIETTE. – Oh ! plutôt que d'épouser Pâris, dis-moi de m'élancer des créneaux de cette tour là-bas, ou d'errer sur le chemin des bandits ; dis-moi de me glisser où rampent des serpents ; enchaîne-moi avec des ours rugissants ; enferme-moi, la nuit, dans un charnier, sous un monceau d'os de morts qui s'entrechoquent, de moignons fétides[1] et de crânes jaunes et décharnés ; dis-moi d'aller, dans une fosse fraîche remuée, m'enfouir sous le linceul avec un mort ; ordonne-moi des choses dont le seul récit me faisait trembler, et je les ferai sans crainte, sans hésitation, pour rester l'épouse sans tache de mon doux bien-aimé.

LAURENCE. – Écoute alors : rentre à la maison, aie l'air gai et dis que tu consens à épouser Pâris. C'est demain mercredi. Demain soir, fais en sorte de coucher seule ; que ta nourrice ne couche pas dans ta chambre ; une fois au lit, prends cette fiole[2] et avale la liqueur qui y est distillée. Aussitôt dans toutes tes veines se répandra une froide et léthargique humeur[3] : le pouls suspendra son mouvement naturel et cessera de battre ; ni chaleur, ni souffle n'attesteront que tu vis. Les roses de tes lèvres et de tes joues seront flétries et ternes comme la cendre ; les fenêtres de tes yeux seront closes, comme si la mort les avait fermées au jour de la vie. Chaque partie de ton être, privée de souplesse et d'action, sera roide, inflexible et froide comme la mort. Dans cet état apparent de cadavre tu resteras juste quarante-deux heures, et alors tu t'éveilleras comme d'un doux sommeil. Le matin, quand le fiancé arrivera pour hâter ton lever, il te trouvera morte dans ton lit. Alors, selon l'usage de notre pays, vêtue de ta plus belle parure, et placée dans un cercueil découvert, tu seras transportée à l'ancien caveau où repose toute la famille des Capulets. Cependant,

Notes

1. ***moignons fétides :*** extrémités des membres amputés, qui dégagent une odeur répugnante.
2. ***fiole :*** petit flacon de verre.
3. ***léthargique humeur :*** état de torpeur.

avant que tu sois éveillée, Roméo, instruit de notre plan par mes lettres, arrivera; lui et moi nous épierons ton réveil, et cette nuit-là même Roméo t'emmènera à Mantoue. Et ainsi tu seras sauvée d'un déshonneur imminent[1], si nul caprice futile, nulle frayeur féminine n'abat ton courage au moment de l'exécution.

JULIETTE. – Donne! Eh! donne! ne me parle pas de frayeur.

LAURENCE, *lui remettant la fiole.* – Tiens, pars! Sois forte et sois heureuse dans ta résolution. Je vais dépêcher[2] un religieux à Mantoue avec un message pour ton mari.

JULIETTE. – Amour, donne-moi ta force, et cette force me sauvera. Adieu, mon père! *(Ils se séparent.)*

SCÈNE 2

Dans la maison de Capulet. Entrent Capulet, Lady Capulet, la nourrice et des valets.

CAPULET, *remettant un papier au premier valet.* – Tu inviteras toutes les personnes dont les noms sont écrits ici. *(Le valet sort.) (Au second valet.)* Maraud, va me louer vingt cuisiniers habiles.

DEUXIÈME VALET. – Vous n'en aurez que de bons, monsieur, car je m'assurerai d'abord s'ils se lèchent les doigts.

CAPULET. – Et comment t'assureras-tu par là de leur savoir-faire?

DEUXIÈME VALET. – Pardine[3], monsieur, c'est un mauvais cuisinier que celui qui ne se lèche pas les doigts : ainsi ceux qui ne se lècheront pas les doigts, je ne les prendrai pas.

Notes

1. ***imminent :*** sur le point de se produire.
2. ***dépêcher :*** envoyer en toute hâte.
3. ***pardine :*** interjection qui approuve, comme « pardi ».

Capulet. – Bon, va-t'en. *(Le valet sort.)* Nous allons être pris au dépourvu cette fois. Eh bien, est-ce que ma fille est allée chez frère Laurence?

La Nourrice. – Oui, ma foi.

Capulet. – Allons, il aura peut-être une bonne influence sur elle. La friponne est si maussade[1], si opiniâtre[2].

Entre Juliette.

La Nourrice. – Voyez donc avec quelle mine joyeuse elle revient de confesse.

Capulet. – Eh bien, mon entêtée, où avez-vous été comme ça?

Juliette. – Chez quelqu'un qui m'a appris à me repentir de ma coupable résistance à vous et à vos ordres. Le vénérable Laurence m'a enjoint de me prosterner à vos pieds, et de vous demander pardon… *(Elle s'agenouille devant son père.)* Pardon, je vous en conjure! Désormais, je me laisserai régir entièrement par vous.

Capulet. – Qu'on aille chercher le comte, et qu'on l'instruise de ceci. Je veux que ce nœud[3] soit noué dès demain matin.

Juliette. – J'ai rencontré le jeune comte à la cellule de Laurence, et je lui ai témoigné mon amour autant que je le pouvais sans franchir les bornes de la modestie.

Capulet. – Ah! j'en suis bien aise… Voilà qui est bien… relève-toi. *(Juliette se relève.)* Les choses sont comme elles doivent être… Il faut que je voie le comte. Morbleu, qu'on aille le chercher, vous dis-je. Ah! pardieu! c'est un saint homme que ce révérend père, et toute notre cité lui est bien redevable.

Juliette. – Nourrice, voulez-vous venir avec moi dans mon cabinet? Vous m'aiderez à ranger les parures que vous trouverez convenables pour ma toilette de demain.

Notes

1. ***maussade :*** désagréable.
2. ***opiniâtre :*** obstinée.
3. ***nœud :*** ici, mariage.

LADY CAPULET. – Non, non, pas avant jeudi. Nous avons le temps.

CAPULET. – Va, nourrice, va avec elle. *(Juliette sort avec la nourrice. – À Lady Capulet.)* Nous irons à l'église demain.

LADY CAPULET. – Nous serons pris à court pour les préparatifs : il est presque nuit déjà.

CAPULET. – Bah ! je vais me remuer, et tout ira bien, je te le garantis, femme ! Toi, va rejoindre Juliette, et aide-la à se parer ; je ne me coucherai pas cette nuit… Laisse-moi seul ; c'est moi qui ferai la ménagère cette fois… Holà !… Ils sont tous sortis. Allons, je vais moi-même chez le comte Pâris le prévenir pour demain. J'ai le cœur étonnamment allègre[1], depuis que cette petite folle est venue à résipiscence[2]. *(Ils sortent.)*

SCÈNE 3

La chambre à coucher de Juliette. Entrent Juliette et la nourrice.

JULIETTE. – Oui, c'est la toilette qu'il faut… Mais, gentille nourrice, laisse-moi seule cette nuit, je t'en prie : car j'ai besoin de beaucoup prier, pour décider le ciel à sourire à mon existence, qui est, tu le sais bien, pleine de trouble et de péché.

Entre Lady Capulet.

LADY CAPULET. – Allons, êtes-vous encore occupées ? avez-vous besoin de mon aide ?

JULIETTE. – Non, madame ; nous avons choisi tout ce qui sera nécessaire pour notre cérémonie de demain. Veuillez permettre que je reste seule à présent, et que la nourrice veille avec vous cette nuit ; car, j'en suis sûre, vous avez trop d'ouvrage sur les bras, dans des circonstances si pressantes.

Notes

1. ***allègre :*** joyeux.

2. ***à résipiscence :*** au repentir.

LADY CAPULET. – Bonne nuit! Mets-toi au lit, et repose; car tu en as besoin. *(Lady Capulet sort avec la nourrice.)*

JULIETTE. – Adieu!... Dieu sait quand nous nous reverrons. Une vague frayeur répand le frisson dans mes veines et y glace presque la chaleur vitale... Je vais les rappeler pour me rassurer... Nourrice!... qu'a-t-elle à faire ici? Il faut que je joue seule mon horrible scène. *(Prenant la fiole que Laurence lui a donnée.)* À moi, fiole!... Eh quoi! si ce breuvage n'agissait pas! serais-je donc mariée demain matin?... Non, non. Voici qui l'empêcherait... Repose ici, toi. *(Elle met un couteau à côté de son lit.)* Et si c'était un poison que le moine m'eût subtilement administré pour me faire mourir, afin de ne pas être déshonorée par ce mariage, lui qui m'a déjà mariée à Roméo? J'ai peur de cela; mais non, c'est impossible : il a toujours été reconnu pour un saint homme... Et si, une fois déposée dans le tombeau, je m'éveillais avant le moment où Roméo doit venir me délivrer! Ah! l'effroyable chose! Ne pourrais-je pas être étouffée dans ce caveau dont la bouche hideuse n'aspire jamais un air pur, et mourir suffoquée avant que Roméo n'arrive? Ou même, si je vis, n'est-il pas probable que l'horrible impression de la mort et de la nuit jointe à la terreur du lieu... En effet ce caveau est l'ancien réceptacle où depuis bien des siècles sont entassés les os de tous mes ancêtres ensevelis; où Tybalt sanglant et encore tout frais dans la terre pourrit sous son linceul; où, dit-on, à certaines heures de la nuit, les esprits s'assemblent! Hélas! hélas! n'est-il pas probable que, réveillée avant l'heure, au milieu d'exhalaisons[1] infectes et de gémissements pareils à ces cris de mandragores[2] déracinées que des vivants ne peuvent entendre sans devenir fous... Oh! si je m'éveille ainsi, est-ce que je ne perdrai pas la raison, environnée de toutes ces horreurs? Peut-être alors, insensée,

Notes

1. *exhalaisons :* odeurs.

2. *mandragores :* plantes aux vertus magiques.

voudrai-je jouer avec les squelettes de mes ancêtres, arracher de son linceul Tybalt mutilé, et, dans ce délire, saisissant l'os de quelque grand-parent comme une massue, en broyer ma cervelle désespérée ! Oh ! tenez ! il me semble voir le spectre de mon cousin poursuivant Roméo qui lui a troué le corps avec la pointe de son épée… Arrête, Tybalt, arrête ! *(Elle porte la fiole à ses lèvres.)* Roméo ! Roméo ! Roméo ! voici à boire ! je bois à toi. *(Elle se jette sur son lit derrière un rideau.)*

SCÈNE 4

Une salle dans la maison de Capulet. Le jour se lève.
Entrent Lady Capulet et la nourrice.

LADY CAPULET, *donnant un trousseau de clefs à la nourrice.* – Tenez, nourrice, prenez ces clefs et allez chercher d'autres épices.

LA NOURRICE. – On demande des dattes et des coings pour la pâtisserie.

Entre Capulet.

CAPULET. – Allons ! debout ! debout ! debout ! le coq a chanté deux fois ; le couvre-feu a sonné ; il est trois heures. *(À Lady Capulet.)* Ayez l'œil aux fours, bonne Angélique, et qu'on n'épargne rien.

LA NOURRICE, *à Capulet.* – Allez, allez, cogne-fétu[1], allez vous mettre au lit ; ma parole, vous serez malade demain d'avoir veillé cette nuit.

CAPULET. – Nenni, nenni. Bah ! j'ai déjà passé des nuits entières pour de moindres motifs, et je n'ai jamais été malade.

LADY CAPULET. – Oui, vous avez chassé les souris dans votre temps ; mais je veillerai désormais à ce que vous ne veilliez plus ainsi. *(Lady Capulet et la nourrice sortent.)*

Note

1. ***cogne-fétu :*** expression imagée qui traduit la faiblesse.

CAPULET. – Jalousie! jalousie! *(Des valets passent, portant des broches, des bûches et des paniers.) (Au premier valet.)* Eh bien, l'ami, qu'est-ce que tout ça?

PREMIER VALET. – Monsieur, c'est pour le cuisinier, mais je ne sais trop ce que c'est.

CAPULET. – Hâte-toi, hâte-toi. *(Sort le premier valet.) (Au deuxième valet.)* Maraud, apporte des bûches plus sèches, appelle Pierre, il te montrera où il y en a.

DEUXIÈME VALET. – J'ai assez de tête, monsieur, pour suffire aux bûches sans déranger Pierre. *(Il sort.)*

CAPULET. – Par la messe, bien répondu. Voilà un plaisant coquin! Ah! je te proclame roi des bûches... Ma foi, il est jour. Le comte va être ici tout à l'heure avec la musique, car il me l'a promis. (*Bruit d'instruments qui se rapprochent.*) Je l'entends qui s'avance... Nourrice! Femme! Holà! nourrice, allons donc!

Entre la nourrice.

CAPULET. – Allez éveiller Juliette, allez, et habillez-la; je vais causer avec Pâris... Vite, hâtez-vous, hâtez-vous! le fiancé est déjà arrivé; hâtez-vous, vous dis-je. *(Tous sortent.)*

SCÈNE 5

La chambre à coucher de Juliette. Entre la nourrice.

LA NOURRICE, *appelant.* – Madame! allons, madame!... Juliette!... Elle dort profondément, je le garantis... Eh bien, agneau! eh bien, maîtresse!... Fi, paresseuse!... Allons, amour, allons! Madame! mon cher cœur! Allons, la mariée! Quoi, pas un mot!... Vous en prenez pour votre argent cette fois, vous dormez pour une semaine, car, la nuit prochaine, j'en réponds, le comte a pris son parti de ne vous laisser prendre que peu de repos... Dieu me pardonne! Jésus Marie! comme elle dort! Il faut que je l'éveille... Madame! madame!

madame! Oui, que le comte vous surprenne au lit; c'est lui qui vous secouera, ma foi… *(Elle tire les rideaux du lit et découvre Juliette étendue et immobile.)* Est-il possible! Quoi! toute vêtue, toute parée, et recouchée! Il faut que je la réveille… Madame! madame! madame! hélas! hélas! au secours! au secours! ma maîtresse est morte. Ô malheur! faut-il que je sois jamais née!… Holà, de l'eau-de-vie!… Monseigneur! Madame!

Entre Lady Capulet.

LADY CAPULET. – Quel est ce bruit?

LA NOURRICE. – Ô jour lamentable!

LADY CAPULET. – Qu'y a-t-il?

LA NOURRICE, *montrant le lit.* – Regardez, regardez! Ô jour désolant!

LADY CAPULET. – Ciel! ciel! Mon enfant, ma vie! Renais, rouvre les yeux, ou je vais mourir avec toi! Au secours! au secours! appelez au secours!

Entre Capulet

CAPULET. – Par pudeur, amenez Juliette, son mari est arrivé.

LA NOURRICE. – Elle est morte, décédée, elle est morte; ah! mon Dieu!

LADY CAPULET. – Mon Dieu! elle est morte! elle est morte! elle est morte!

CAPULET, *s'approchant de Juliette.* – Ah! que je la voie!… C'est fini, hélas! elle est froide! Son sang est arrêté et ses membres sont roides. La vie a depuis longtemps déserté ses lèvres. La mort est sur elle, comme une gelée précoce sur la fleur des champs la plus suave[1].

LA NOURRICE. – Ô jour lamentable!

LADY CAPULET. – Douloureux moment!

Note

1. ***suave*** **:** délicate.

Juliette gisant sans vie sur son lit. Gravure anglaise du XIXe siècle.

CAPULET. – La mort qui me l'a prise pour me faire gémir enchaîne ma langue et ne me laisse pas parler.

Entrent frère Laurence et Pâris suivis de musiciens.

LAURENCE. – Allons, la fiancée est-elle prête à aller à l'église ?

CAPULET. – Prête à y aller, mais pour n'en pas revenir ! *(À Pâris.)* Ô mon fils, la nuit qui précédait tes noces, la mort est entrée dans le lit de ta fiancée, et voici la pauvre fleur toute déflorée par elle. Le sépulcre est mon gendre, le sépulcre est mon héritier, le sépulcre a épousé ma fille. Moi, je vais mourir et tout lui laisser. Quand la vie se retire, tout est au sépulcre.

PÂRIS. – N'ai-je si longtemps désiré voir cette aurore, que pour qu'elle me donnât un pareil spectacle !

LADY CAPULET. – Jour maudit, malheureux, misérable, odieux ! Heure la plus atroce qu'ait jamais vue le temps dans le cours laborieux de son pèlerinage ! Rien qu'une pauvre enfant, une pauvre chère enfant, rien qu'un seul être pour me réjouir et me consoler, et la mort cruelle l'arrache de mes bras !

LA NOURRICE. – Ô douleur ! ô douloureux, douloureux, douloureux jour ! Jour lamentable ! jour le plus douloureux que jamais, jamais j'aie vu ! Ô jour ! ô jour ! ô jour ! ô jour odieux ! Jamais jour ne fut plus sombre ! Ô jour douloureux ! ô jour douloureux !

PÂRIS. – Déçue, divorcée, frappée, accablée, assassinée ! Oui, détestable mort, déçue par toi, ruinée par toi, cruelle, cruelle ! Ô mon amour ! ma vie !... Non, tu n'es plus ma vie, tu es mon amour dans la mort !

CAPULET. – Honnie, désolée, navrée, martyrisée, tuée ! Sinistre catastrophe, pourquoi es-tu venue détruire, détruire notre solennité ?... Ô mon enfant ! mon enfant ! mon enfant ! Non ! toute mon âme ! Quoi, tu es morte !... Hélas ! mon enfant est morte, et, avec mon enfant, sont ensevelies toutes mes joies !

LAURENCE. – Silence, n'avez-vous pas de honte ? Le remède aux maux désespérés n'est pas dans ces désespoirs. Le ciel et vous, vous partagiez cette belle enfant ; maintenant le ciel l'a tout entière, et pour elle c'est tant mieux. Votre part en elle, vous ne pouviez la garder de la mort, mais le ciel garde sa part dans l'éternelle vie. Une haute fortune était tout ce que vous lui souhaitiez ; c'était le ciel pour vous de la voir s'élever, et vous pleurez maintenant qu'elle s'élève au-dessus des nuages, jusqu'au ciel même ! Oh ! vous aimez si mal votre enfant que vous devenez fous en voyant qu'elle est bien. Vivre longtemps mariée, ce n'est pas être bien mariée ; la mieux mariée est celle qui meurt jeune. Séchez vos larmes et attachez vos branches de romarin sur ce beau corps ; puis, selon la coutume, portez-la dans sa plus belle parure à l'église. Car, bien que la faible nature nous force tous à pleurer, les larmes de la nature font sourire la raison.

CAPULET. – Tous nos préparatifs de fête se changent en appareil funèbre[1] : notre concert devient un glas[2] mélancolique ; notre repas de noces, un triste banquet d'obsèques ; nos hymnes solennelles, des chants lugubres. Notre bouquet nuptial sert pour une morte, et tout change de destination.

LAURENCE. – Retirez-vous, monsieur, et vous aussi, madame, et vous aussi, messire Pâris ; que chacun se prépare à escorter cette belle enfant jusqu'à son tombeau. Le ciel s'appesantit sur vous, pour je ne sais quelle offense ; ne l'irritez pas davantage en murmurant contre sa volonté suprême. *(Sortent Capulet, Lady Capulet, Pâris et frère Laurence.)*

PREMIER MUSICIEN. – Nous pouvons serrer[3] nos flûtes et partir.

LA NOURRICE. – Ah ! serrez-les, serrez-les, mes bons, mes honnêtes amis ; car, comme vous voyez, la situation est lamentable.

PREMIER MUSICIEN. – Oui, et je voudrais qu'on pût l'amender[4]. *(Sort la nourrice.)*

Entre Pierre.

PIERRE. – Musiciens ! oh ! musiciens, vite *Gaieté du cœur ! Gaieté du cœur !* Oh ! si vous voulez que je vive, jouez-moi *Gaieté du cœur !*

PREMIER MUSICIEN. – Et pourquoi *Gaieté du cœur ?*

PIERRE. – Ô musiciens ! parce que mon cœur lui-même joue l'air de *Mon cœur est triste*. Ah ! jouez-moi quelque complainte joyeuse pour me consoler.

DEUXIÈME MUSICIEN. – Pas la moindre complainte ; ce n'est pas le moment de jouer à présent.

PIERRE. – Vous ne voulez pas, alors ?

Notes

1. ***appareil funèbre :*** organisation des funérailles.
2. ***glas :*** sonnerie de cloche qui annonce la mort.
3. ***serrer :*** ranger.
4. ***amender :*** améliorer.

LES MUSICIENS. – Non.

PIERRE. – Alors vous allez l'avoir solide.

PREMIER MUSICIEN. – Qu'est-ce que nous allons avoir ?

PIERRE. – Ce n'est pas de l'argent, morbleu, c'est une raclée, méchants racleurs !

PREMIER MUSICIEN. – Méchant valet !

PIERRE. – Ah ! je vais vous planter ma dague de valet dans la perruque. Je ne supporterai pas vos fadaises ; je vous en donnerai des *fa* dièses, moi, sur les épaules, notez bien.

PREMIER MUSICIEN. – En nous donnant le *fa* dièse, c'est vous qui nous noterez.

DEUXIÈME MUSICIEN. – Voyons, rengainez votre dague et dégainez votre esprit.

PIERRE. – En garde donc ! Je vais vous attaquer à la pointe de l'esprit et rengainer ma pointe d'acier… Ripostez-moi en hommes. *(Il chante.)*

Quand une douleur poignante blesse le cœur
Et qu'une morne tristesse accable l'esprit,
Alors la musique au son argentin…

Pourquoi *son argentin ?* Pourquoi la musique a-t-elle le son argentin ? Répondez, Simon Corde-à-Boyau !

PREMIER MUSICIEN. – Eh ! parce que l'argent a le son fort doux.

PIERRE. – Joli ! Répondez, vous, Hugues Rebec !

DEUXIÈME MUSICIEN. – La musique a le son argentin, parce que les musiciens la font sonner pour argent.

PIERRE. – Joli aussi !… Répondez, vous, Jacques Serpent.

TROISIÈME MUSICIEN. – Ma foi, je ne sais que dire.

PIERRE. – Oh ! j'implore votre pardon : vous êtes le chanteur de la bande. Eh bien, je vais répondre pour vous. La musique a le son argentin, parce que les gaillards de votre espèce font rarement sonner l'or. *(Il chante.)*

Alors la musique au son argentin
Apporte promptement le remède. *(Il sort.)*

PREMIER MUSICIEN. – Voilà un fieffé coquin !

DEUXIÈME MUSICIEN. – Qu'il aille se faire pendre !... Sortons, nous autres ! attendons le convoi, et nous resterons à dîner. *(Ils sortent.)*

Au fil du texte

Questions sur l'acte IV (pp. 117 à 132)

Avez-vous bien lu ?

1. Sous quel prétexte le frère Laurence s'oppose-t-il à la date prévue pour le mariage de Juliette avec Pâris ? Quel est le véritable motif de son opposition (scène 1) ?

2. Que menace de faire Juliette si le frère Laurence ne peut empêcher son mariage (scène 1) ?

3. Quel stratagème le frère Laurence propose-t-il à Juliette pour échapper au mariage avec Pâris (scène 1) ?

4. Comment Juliette explique-t-elle à son père son changement de comportement (scène 2) ?

5. Quel sentiment éprouve Juliette avant de boire le breuvage donné par le frère Laurence (scène 3) ?

6. Quel événement se déroule en même temps que la scène 4 ?

7. Comment le frère Laurence interrompt-il les plaintes des Capulets et de la nourrice face à la « mort » de Juliette (scène 5) ?

Étudier le vocabulaire et la grammaire

8. Quelle sorte de subordonnée circonstancielle Juliette utilise-t-elle principalement dans sa tirade ? À quel champ lexical* est-elle associée ? En quoi ceci traduit-il son état d'esprit (scène 3, l. 196 à 227) ?

champ lexical : **ensemble des mots ou expressions qui se rapportent au même thème, quelle que soit leur classe grammaticale : nom, adjectif, verbe, etc.**

9) Que signifie, au sens propre, l'expression « *son argentin* » (scène 5, l. 398) sur laquelle les personnages font une série de jeux de mots, que vous relèverez ?

ÉTUDIER LE DISCOURS

10) En observant la ponctuation, dites quel est le type de phrases dominant dans la scène 5. Quels sentiments sont ainsi exprimés par la répétition de cette ponctuation expressive* ?

11) Comment les répliques des différents personnages se répondent-elles dans les lamentations (scène 5) ? En quoi la réplique de la nourrice (scène 5, l. 322 à 326) est-elle une parodie* des autres ?

ponctuation expressive : **signes de ponctuation forts, comme le point d'interrogation ou le point d'exclamation, qui traduisent des sentiments violents (la joie, la colère, etc.).**

ÉTUDIER LE GENRE : UNE TRAGICOMÉDIE

12) Quelles scènes relèvent de la comédie et quelles autres de la tragédie, dans cet acte ? Justifiez votre réponse en vous appuyant sur les personnages présents, le registre des répliques, les thèmes, etc.

parodie : **imitation caricaturale, grotesque, tout d'abord d'une œuvre littéraire, puis d'un comportement dans la vie en général.**

13) Comment ces scènes sont-elles réparties ? Quel est l'effet produit sur le spectateur par ce contraste ?

ÉTUDIER L'ÉCRITURE

14) Quelle est la figure de style* employée dans l'expression « *complainte joyeuse* » (scène 5, l. 374-375) que vous expliquerez ?

15) Sur quelle figure de style et sur quel rythme repose la phrase prononcée par Capulet : « *Le sépulcre est mon gendre, le sépulcre est mon héritier, le*

figure de style : **procédé d'expression particulier, visant à produire un certain effet pour rendre le langage plus expressif, comme la métaphore, l'antithèse, la litote, etc.**

sépulcre a épousé ma fille» (scène 5, l. 312-313)? Quel est l'effet produit?

ÉTUDIER UN THÈME : LA CÉRÉMONIE

16 Quelles sont les deux cérémonies évoquées dans cet acte? Relevez en deux colonnes les termes qui se rapportent à l'une et à l'autre. Quels éléments sont communs aux deux?

17 Quelle réplique prononcée par Capulet dans la scène 5 met en évidence ce lien? Par quelle figure de style l'exprime-t-il?

ÉTUDIER L'EXTRAIT : « L'ACTE DE JULIETTE »

18 Comment justifier le stratagème imaginé par le frère Laurence?

19 Pourquoi peut-on appeler l'acte IV « l'acte de Juliette »? Quels traits de son caractère apparaissent ici? Étudiez son comportement face à Pâris, au frère Laurence, à son père, à sa mère et à sa nourrice. Qu'est-ce qui la pousse à agir ainsi?

20 En quoi la péripétie sur laquelle repose cet acte annonce-t-elle le dénouement?

LIRE L'IMAGE

21 Par quels procédés Juliette est-elle mise en valeur par l'artiste sur la gravure de la page 128? Quels personnages identifiez-vous autour de Juliette endormie? Quel personnage l'artiste a-t-il placé au centre de l'image et pourquoi? Quels sentiments traduisent les attitudes de chacun? Quels mots semble prononcer le frère Laurence?

À VOS PLUMES !

22 À la manière de la tirade de Juliette (scène 3, l. 191 à 227), rédigez un monologue intérieur* où vous exprimerez vos craintes avant d'accomplir une action importante. Vous utiliserez, comme elle, l'expression de l'hypothèse.

***monologue intérieur** ou **soliloque** : discours d'une personne qui se parle à elle-même ; il exprime une longue suite de pensées ou de rêveries dans sa conscience.*

23 Avez-vous déjà vécu une fête qui a fini en drame ? Dans quelles circonstances avait-elle lieu et pour quelles raisons a-t-elle évolué autrement que prévu ? Vous raconterez cet événement en décrivant vos réactions et les sentiments que vous avez ressentis.

ACTE V

SCÈNE 1

Mantoue. Une rue. Entre Roméo.

ROMÉO. – Si je puis me fier aux flatteuses assurances du sommeil, mes rêves m'annoncent l'arrivée de quelque joyeuse nouvelle. La pensée souveraine de mon cœur siège sereine[1] sur son trône ; et, depuis ce matin, une allégresse singulière m'élève au-dessus de terre par de riantes pensées. J'ai rêvé que ma dame arrivait et me trouvait mort (étrange rêve qui laisse à un mort la faculté de penser !), puis, qu'à force de baisers elle ranimait la vie sur mes lèvres, et que je renaissais, et que j'étais empereur. Ciel ! combien doit être douce la possession de l'amour, si son ombre est déjà si prodigue[2] de joies !

Entre Balthazar, chaussé de bottes.

ROMÉO. – Des nouvelles de Vérone !… Eh bien, Balthazar, est-ce que tu ne m'apportes pas de lettre du moine ? Comment va ma dame ? Mon père est-il bien ? Comment va madame Juliette ? Je te répète cette question-là ; car, si ma Juliette est heureuse, il n'existe pas de malheur.

BALTHAZAR. – Elle est heureuse, il n'existe donc pas de malheur. Son corps repose dans le tombeau des Capulets, et son âme immortelle vit avec les anges. Je l'ai vu déposer dans le

Notes

1. *sereine :* calme.

2. *prodigue :* qui donne généreusement quelque chose.

caveau de sa famille, et j'ai pris aussitôt la poste[1] pour vous l'annoncer. Oh! pardonnez-moi de vous apporter ces tristes nouvelles : je remplis l'office dont vous m'aviez chargé, monsieur.

ROMÉO. – Est-ce ainsi? eh bien, astres, je vous défie!... *(À Balthazar.)* Tu sais où je loge : procure-moi de l'encre et du papier, et loue des chevaux de poste : je pars d'ici ce soir.

BALTHAZAR. – Je vous en conjure, monsieur, ayez de la patience. Votre pâleur, votre air hagard annoncent quelque catastrophe.

ROMÉO. – Bah! tu te trompes!... Laisse-moi et fais ce que je te dis : est-ce que tu n'as pas de lettre du moine pour moi?

BALTHAZAR. – Non, mon bon seigneur.

ROMÉO. – N'importe : va-t'en, et loue des chevaux; je te rejoins sur-le-champ. *(Sort Balthazar.)* Oui, Juliette, je dormirai près de toi cette nuit. Cherchons le moyen... Ô destruction! comme tu t'offres vite à la pensée des hommes désespérés! Je me souviens d'un apothicaire qui demeure aux environs; récemment encore je le remarquais sous sa guenille[2], occupé, le sourcil froncé, à cueillir des simples[3]; il avait la mine amaigrie; l'âpre misère l'avait usé jusqu'aux os. Dans sa pauvre échoppe étaient accrochés une tortue, un alligator empaillé et des peaux de poissons monstrueux; sur ses planches, une chétive collection de boîtes vides, des pots de terre verdâtres, des vessies et des graines moisies, des restes de ficelle et de vieux pains de roses étaient épars çà et là pour faire étalage. Frappé de cette pénurie, je me dis à moi-même : Si un homme avait besoin de poison, bien que la vente en soit punie de mort à Mantoue, voici un pauvre gueux qui lui en vendrait. Oh! je pressentais alors mon besoin présent; il faut que ce besogneux[4] m'en vende... Autant qu'il m'en souvient, ce doit être

Notes

1. ***j'ai pris la poste :*** j'ai pris un relais de chevaux.
2. ***guenille :*** vêtement en lambeaux.
3. ***cueillir des simples :*** ramasser des plantes médicinales.
4. ***besogneux :*** travailleur mal payé.

ici sa demeure ; comme c'est fête aujourd'hui, la boutique du misérable est fermée… Holà ! l'apothicaire !

Une porte s'ouvre. Paraît l'apothicaire.

L'APOTHICAIRE. – Qui donc appelle si fort ?

ROMÉO. – Viens ici, l'ami… Je vois que tu es pauvre ; tiens, voici quarante ducats[1] ; donne-moi une dose de poison ; mais il me faut une drogue énergique qui, à peine dispersée dans les veines de l'homme las de vivre, le fasse tomber mort, et qui chasse du corps le souffle aussi violemment, aussi rapidement que la flamme renvoie la poudre des entrailles fatales du canon !

L'APOTHICAIRE. – J'ai de ces poisons meurtriers. Mais la loi de Mantoue, c'est la mort pour qui les débite.

ROMÉO. – Quoi ! tu es dans ce dénuement et dans cette misère, et tu as peur de mourir ! La famine est sur tes joues ; le besoin et la souffrance agonisent dans ton regard ; le dégoût et la misère pendent à tes épaules. Le monde ne t'est point ami, ni la loi du monde ; le monde n'a pas fait sa loi pour t'enrichir ; viole-la donc, cesse d'être pauvre et prends ceci. *(Il lui montre sa bourse.)*

L'APOTHICAIRE. – Ma pauvreté consent, mais non ma volonté.

ROMÉO. – Je paye ta pauvreté, et non ta volonté.

L'APOTHICAIRE. – Mettez ceci dans le liquide que vous voudrez, et avalez ; eussiez-vous la force de vingt hommes, vous serez expédié immédiatement.

ROMÉO, *lui jetant sa bourse.* – Voici ton or ; ce poison est plus funeste à l'âme des hommes, il commet plus de meurtres dans cet odieux monde que ces pauvres mixtures que tu n'as pas le droit de vendre. C'est moi qui te vends du poison ; tu ne m'en as pas vendu. Adieu, achète de quoi manger et engraisse. *(Ser-*

Note

1. ***ducats*** : le ducat était une riche monnaie d'or.

rant la fiole que l'apothicaire lui a remise.) Ceci, du poison ? non ! Viens, cordial[1], viens avec moi au tombeau de Juliette ; c'est là que tu dois me servir. *(Ils se séparent.)*

SCÈNE 2

La cellule de frère Laurence. Entre frère Jean.

JEAN. – Saint franciscain ! mon frère, holà !

LAURENCE. – Ce doit être la voix de frère Jean. De Mantoue sois le bienvenu. Que dit Roméo ?... A-t-il écrit ? Alors donne-moi sa lettre.

JEAN. – J'étais allé à la recherche d'un frère déchaussé de notre ordre[2], qui devait m'accompagner, et je l'avais trouvé ici dans la cité en train de visiter les malades ; mais les inspecteurs de la ville, nous ayant rencontrés tous deux dans une maison qu'ils soupçonnaient infectée de la peste, en ont fermé les portes et n'ont pas voulu nous laisser sortir. C'est ainsi qu'a été empêché mon départ pour Mantoue.

LAURENCE. – Qui donc a porté ma lettre à Roméo ?

JEAN. – La voici. Je n'ai pas pu l'envoyer, ni me procurer un messager pour te la rapporter, tant la contagion effrayait tout le monde.

LAURENCE. – Malheureux événement ! Par notre confrérie ce n'était pas une lettre insignifiante, c'était un message d'une haute importance, et ce retard peut produire de grands malheurs. Frère Jean, va me chercher un levier de fer, et apporte-le-moi sur-le-champ dans ma cellule.

JEAN. – Frère, je vais te l'apporter. *(Il sort.)*

Notes

1. ***cordial*** : boisson stimulante.

2. ***un frère déchaussé de notre ordre*** : un moine de la même congrégation, qui vit très simplement.

LAURENCE. – Maintenant il faut que je me rende seul au tombeau ; dans trois heures la belle Juliette s'éveillera. Elle me maudira, parce que Roméo n'a pas été prévenu de ce qui est arrivé ; mais je vais récrire à Mantoue, et je la garderai dans ma cellule jusqu'à la venue de Roméo. Pauvre cadavre vivant, enfermé dans le sépulcre d'un mort ! *(Il sort.)*

SCÈNE 3

Vérone. – Un cimetière au milieu duquel s'élève le tombeau des Capulets. Entre Pâris suivi de son page [1] *qui porte une torche et des fleurs.*

PÂRIS. – Page, donne-moi ta torche. Éloigne-toi et tiens-toi à l'écart… Mais, non, éteins-la, car je ne veux pas être vu. Va te coucher sous ces ifs[2] là-bas, en appliquant ton oreille contre la terre sonore ; aucun pied ne pourra se poser sur le sol du cimetière, tant de fois amolli et fouillé par la bêche du fossoyeur, sans que tu l'entendes : tu siffleras, pour m'avertir, si tu entends approcher quelqu'un… Donne-moi ces fleurs. Fais ce que je te dis. Va.

LE PAGE, *à part.* – J'ai presque peur de rester seul ici dans le cimetière ; pourtant je me risque. *(Il se retire.)*

PÂRIS. – Douce fleur, je sème ces fleurs sur ton lit nuptial, dont le dais[3], hélas ! est fait de poussière et de pierres ; je viendrai chaque nuit les arroser d'eau douce, ou, à son défaut, de larmes distillées par des sanglots ; oui, je veux célébrer tes funérailles en venant, chaque nuit, joncher[4] ta tombe et pleurer. *(Lueur d'une torche et bruit de pas au loin. Le page siffle.)* Le page m'avertit que quelqu'un approche. Quel est ce pas sacrilège qui erre par

Notes

1. ***page :*** jeune noble placé au service d'un seigneur.
2. ***ifs :*** arbres conifères.
3. ***dais :*** tissu suspendu au-dessus d'un lit.
4. ***joncher :*** recouvrir.

ici la nuit et trouble les rites funèbres de mon amour ?... Eh quoi ! une torche !... Nuit, voile-moi un instant. *(Il se cache.)*

Entre Roméo, suivi de Balthazar qui porte une torche, une pioche et un levier.

ROMÉO. – Donne-moi cette pioche et ce croc d'acier. *(Remettant un papier au page.)* Tiens, prends cette lettre ; demain matin, de bonne heure, aie soin de la remettre à mon seigneur et père... Donne-moi la lumière. Sur ta vie, voici mon ordre : quoi que tu voies ou entendes, reste à l'écart et ne m'interromps pas dans mes actes. Si je descends dans cette alcôve[1] de la mort, c'est pour contempler les traits de ma dame, mais surtout pour détacher de son doigt inerte un anneau précieux, un anneau que je dois employer à un cher usage. Ainsi, éloigne-toi, va-t'en... Mais si, cédant au soupçon, tu oses revenir pour épier ce que je veux faire, par le ciel, je te déchirerai lambeau par lambeau et je joncherai de tes membres ce cimetière affamé. Ma résolution est farouche comme le moment : elle est plus terrible et plus inexorable que le tigre à jeun ou la mer rugissante.

BALTHAZAR. – Je m'en vais, monsieur, et je ne vous troublerai pas.

ROMÉO. – C'est ainsi que tu me prouveras ton dévouement... *(Lui jetant sa bourse.)* Prends ceci : vis et prospère[2] ... Adieu, cher enfant.

BALTHAZAR, *à part.* – N'importe. Je vais me cacher aux alentours ; sa mine m'effraye, et je suis inquiet sur ses intentions. *(Il se retire.)*

ROMÉO, *prenant le levier et allant au tombeau.* – Horrible gueule, matrice de la mort, gorgée de ce que la terre a de plus précieux, je parviendrai bien à ouvrir tes lèvres pourries et à

Notes

1. ***alcôve*** : renfoncement dans une pièce, qui abrite habituellement un lit.

2. ***prospère*** : sois heureux.

te fourrer de force une nouvelle proie! *(Il enfonce la porte du monument.)*

PÂRIS. – C'est ce banni, ce Montague hautain qui a tué le cousin de ma bien-aimée : la belle enfant en est morte de chagrin, à ce qu'on suppose. Il vient ici pour faire quelque infâme outrage aux cadavres : je vais l'arrêter… *(Il s'avance.)* Suspends ta besogne, impie, vil Montague : la vengeance peut-elle se poursuivre au-delà de la mort? Misérable condamné, je t'arrête. Obéis et viens avec moi; car il faut que tu meures.

ROMÉO. – Il le faut en effet, et c'est pour cela que je suis venu ici… Bon jeune homme, ne tente pas un désespéré, sauve-toi d'ici et laisse-moi… *(Montrant les tombeaux.)* Songe à tous ces morts, et recule épouvanté… Je t'en supplie, jeune homme, ne charge pas ma tête d'un péché nouveau en me poussant à la fureur… Oh! va-t'en. Par le ciel, je t'aime plus que moi-même, car c'est contre moi-même que je viens ici armé. Ne reste pas, va-t'en; vis, et dis plus tard que la pitié d'un furieux t'a forcé de fuir.

PÂRIS, *l'épée à la main.* – Je brave ta commisération[1], et je t'arrête ici comme félon[2].

ROMÉO. – Tu veux donc me provoquer? Eh bien, à toi, enfant. *(Ils se battent.)*

LE PAGE. – Ô ciel! ils se battent : je vais appeler le guet[3]. *(Il sort en courant.)*

PÂRIS, *tombant.* – Oh! je suis tué!… Si tu es généreux, ouvre le tombeau et dépose-moi près de Juliette. *(Il expire.)*

ROMÉO. – Sur ma foi, je le ferai. *(Se penchant sur le cadavre.)* Examinons cette figure : un parent de Mercutio, le noble comte Pâris! Que m'a donc dit mon valet? Mon âme, bouleversée, n'y a pas fait attention… Nous étions à cheval… Il me

Notes

1. ***commisération*** **:** pitié.

2. ***félon*** **:** traître.

3. ***guet*** **:** sentinelle.

contait, je crois, que Pâris devait épouser Juliette. M'a-t-il dit cela, ou l'ai-je rêvé ? Ou, en l'entendant parler de Juliette, ai-je eu la folie de m'imaginer cela ? *(Prenant le cadavre par le bras.)* Oh ! donne-moi ta main, toi que l'âpre adversité[1] a inscrit comme moi sur son livre ! Je vais t'ensevelir dans un tombeau triomphal... Un tombeau ? oh ! non, jeune victime, c'est un louvre[2] splendide, car Juliette y repose, et sa beauté fait de ce caveau une salle de fête illuminée. *(Il dépose Pâris dans le monument.)* Mort, repose ici, enterré par un mort. Que de fois les hommes à l'agonie ont eu un accès de joie, un éclair avant la mort, comme disent ceux qui les soignent... Ah ! comment comparer ceci à un éclair ? *(Contemplant le corps de Juliette.)* Ô mon amour ! ma femme ! La mort qui a sucé le miel de ton haleine n'a pas encore eu de pouvoir sur ta beauté : elle ne t'a pas conquise ; la flamme de la beauté est encore toute cramoisie sur tes lèvres et sur tes joues, et le pâle drapeau de la mort n'est pas encore déployé là... *(Allant à un autre cercueil.)* Tybalt ! te voilà donc couché dans ton linceul sanglant ! Oh ! que puis-je faire de plus pour toi ? De cette même main qui faucha ta jeunesse, je vais abattre celle de ton ennemi. Pardonne-moi, cousin. *(Revenant sur ses pas.)* Ah ! chère Juliette, pourquoi es-tu si belle encore ? Dois-je croire que le spectre de la Mort est amoureux et que l'affreux monstre décharné te garde ici dans les ténèbres pour te posséder ?... Horreur ! Je veux rester près de toi, et ne plus sortir de ce sinistre palais de la nuit ; ici, ici, je veux rester avec ta chambrière[3], la vermine ! Oh ! c'est ici que je veux fixer mon éternelle demeure et soustraire au joug des étoiles ennemies cette chair lasse du monde... *(Tenant le corps embrassé.)* Un dernier regard, mes yeux ! bras, une dernière étreinte ! et vous, lèvres, vous, portes de l'haleine, scellez par un baiser légitime un pacte indéfini

Notes

1. ***âpre adversité*** **:** malheur acharné.
2. ***louvre*** **:** palais.
3. ***chambrière*** **:** domestique.

avec le sépulcre accapareur ! *(Saisissant la fiole.)* Viens, amer conducteur, viens, âcre guide. Pilote désespéré, vite ! lance sur les brisants[1] ma barque épuisée par la tourmente ! À ma bien-aimée ! *(Il boit le poison.)* Oh ! l'apothicaire ne m'a pas trompé : ses drogues sont actives… Je meurs ainsi… sur un baiser ! *(Il expire en embrassant Juliette.)*

Frère Laurence paraît à l'autre extrémité du cimetière, avec une lanterne, un levier et une bêche.

LAURENCE. – Saint François me soit en aide ! Que de fois cette nuit mes vieux pieds se sont heurtés à des tombes ! *(Il rencontre Balthazar étendu à terre.)* Qui est là ?

BALTHAZAR, *se relevant.* – Un ami ! quelqu'un qui vous connaît bien.

LAURENCE, *montrant le tombeau des Capulets.* – Soyez béni !… Dites-moi, mon bon ami, quelle est cette torche là-bas qui prête sa lumière inutile aux larves et aux crânes sans yeux ? Il me semble qu'elle brûle dans le monument des Capulets.

BALTHAZAR. – En effet, saint prêtre ; il y a là mon maître, quelqu'un que vous aimez.

LAURENCE. – Qui donc ?

BALTHAZAR. – Roméo.

LAURENCE. – Combien de temps a-t-il été là ?

BALTHAZAR. – Une grande demi-heure.

LAURENCE. – Viens avec moi au caveau.

BALTHAZAR. – Je n'ose pas, messire. Mon maître croit que je suis parti ; il m'a menacé de mort en termes effrayants, si je restais à épier ses actes.

LAURENCE. – Reste donc, j'irai seul… L'inquiétude me prend : oh ! je crains bien quelque malheur.

Note

1. ***brisants :*** écueils sur lesquels les vagues se brisent.

BALTHAZAR. – Comme je dormais ici sous cet if, j'ai rêvé que mon maître se battait avec un autre homme et que mon maître le tuait.

LAURENCE, *allant vers le tombeau.* – Roméo! *(Dirigeant la lumière de sa lanterne sur l'entrée du tombeau.)* Hélas! hélas! quel est ce sang qui tache le seuil de pierre de ce sépulcre? Pourquoi ces épées abandonnées et sanglantes projettent-elles leur sinistre lueur sur ce lieu de paix? *(Il entre dans le monument.)* Roméo! Oh! qu'il est pâle!... Quel est cet autre? Quoi, Pâris aussi! baigné dans son sang! Oh! quelle heure cruelle est donc coupable de cette lamentable catastrophe?... *(Éclairant Juliette.)* Elle remue! *(Juliette s'éveille et se soulève.)*

JULIETTE. – Ô frère charitable, où est mon seigneur? Je me rappelle bien en quel lieu je dois être : m'y voici... Mais où est Roméo? *(Rumeur au loin.)*

Juliette s'éveille et découvre les corps sans vie de Roméo et Pâris. Le frère Laurence apparaît dans le caveau. Gravure anglaise du XIXe siècle.

LAURENCE. – J'entends du bruit… Ma fille, quitte ce nid de mort, de contagion, de sommeil contre nature. Un pouvoir au-dessus de nos contradictions a déconcerté nos plans. Viens, viens, partons ! Ton mari est là gisant sur ton sein, et voici Pâris. Viens, je te placerai dans une communauté de saintes religieuses ; pas de questions ! le guet arrive… Allons, viens, chère Juliette. *(La rumeur se rapproche.)* Je n'ose rester plus longtemps. *(Il sort du tombeau et disparaît.)*

JULIETTE. – Va, sors d'ici, car je ne m'en irai pas, moi. Qu'est ceci ? Une coupe qu'étreint la main de mon bien-aimé ? C'est le poison, je le vois, qui a causé sa fin prématurée. L'égoïste ! il a tout bu ! il n'a pas laissé une goutte amie pour m'aider à le rejoindre ! Je veux baiser tes lèvres : peut-être y trouverai-je un reste de poison dont le baume me fera mourir… *(Elle l'embrasse.)* Tes lèvres sont chaudes !

PREMIER GARDE, *derrière le théâtre.* – Conduis-nous, page… De quel côté ?

JULIETTE. – Oui, du bruit ! Hâtons-nous donc ! *(Saisissant le poignard de Roméo.)* Ô heureux poignard ! voici ton fourreau… *(Elle se frappe.)* Rouille-toi là et laisse-moi mourir ! *(Elle tombe sur le corps de Roméo et expire.)*

Entre le guet, conduit par le page de Pâris.

LE PAGE, *montrant le tombeau.* – Voilà l'endroit, là où la torche brûle.

PREMIER GARDE, *à l'entrée du tombeau.* – Le sol est sanglant. Qu'on fouille le cimetière. Allez, plusieurs, et arrêtez qui vous trouverez. *(Des gardes sortent.)* Spectacle navrant ! Voici le comte assassiné… et Juliette en sang !… chaude encore !… morte il n'y a qu'un moment, elle qui était ensevelie depuis deux jours !… Allez prévenir le prince, courez chez les Capulets, réveillez les Montagues… que d'autres aillent aux recherches ! *(D'autres gardes sortent.)* Nous voyons bien le lieu où sont entassés tous ces désastres ; mais les causes qui ont donné lieu à ces désastres lamentables, nous ne pouvons les découvrir sans une enquête.

Entrent quelques gardes, ramenant Balthazar.

DEUXIÈME GARDE. – Voici le valet de Roméo, nous l'avons trouvé dans le cimetière.

PREMIER GARDE. – Tenez-le sous bonne garde jusqu'à l'arrivée du prince.

Entre un garde, ramenant frère Laurence.

TROISIÈME GARDE. – Voici un moine qui tremble, soupire et pleure. Nous lui avons pris ce levier et cette bêche, comme il venait de ce côté du cimetière.

PREMIER GARDE. – Graves présomptions[1] ! Retenez aussi ce moine.

Le jour commence à poindre. Entrent le prince et sa suite.

LE PRINCE. – Quel est le malheur matinal qui enlève ainsi notre personne à son repos ?

Entrent Capulet, Lady Capulet et leur suite.

CAPULET. – Pourquoi ces clameurs qui retentissent partout ?

LADY CAPULET. – Le peuple dans les rues crie : Roméo !... Juliette !... Pâris !... et tous accourent, en jetant l'alarme, vers notre monument.

LE PRINCE. – D'où vient cette épouvante qui fait tressaillir nos oreilles ?

PREMIER GARDE, *montrant les cadavres.* – Mon souverain, voici le comte Pâris assassiné ; voici Roméo mort ; voici Juliette, la morte qu'on pleurait, chaude encore et tout récemment tuée.

LE PRINCE. – Cherchez, fouillez partout, et sachez comment s'est fait cet horrible massacre.

Note

1. *présomptions :* soupçons.

PREMIER GARDE. – Voici un moine, et le valet du défunt Roméo; ils ont été trouvés munis des instruments nécessaires pour ouvrir la tombe de ces morts.

CAPULET. – Ô Ciel!... Oh! vois donc, femme, notre fille est en sang!... Ce poignard s'est mépris... Tiens! sa gaine est restée vide au flanc du Montague, et il s'est égaré dans la poitrine de ma fille!

LADY CAPULET. – Mon Dieu! ce spectacle funèbre est le glas qui appelle ma vieillesse au sépulcre.

Entrent Montague et sa suite.

LE PRINCE. – Approche, Montague : tu t'es levé avant l'heure pour voir ton fils, ton héritier couché avant l'heure.

MONTAGUE. – Hélas! mon suzerain, ma femme est morte cette nuit. L'exil de son fils l'a suffoquée de douleur! Quel est le nouveau malheur qui conspire contre mes années?

LE PRINCE, *montrant le tombeau.* – Regarde, et tu verras.

MONTAGUE, *reconnaissant Roméo.* – Ô malappris! Y a-t-il donc bienséance à prendre le pas sur[1] ton père dans la tombe?

LE PRINCE. – Fermez la bouche aux imprécations[2], jusqu'à ce que nous ayons pu éclaircir ces mystères, et en connaître la source, la cause et l'enchaînement. Alors c'est moi qui mènerai votre deuil, et qui le conduirai, s'il le faut, jusqu'à la mort. En attendant, contenez-vous, et que l'affliction s'asservisse à la patience... Produisez ceux qu'on soupçonne. *(Les gardes amènent Laurence et Balthazar.)*

LAURENCE. – Tout impuissant que j'ai été, c'est moi qui suis le plus suspect, puisque l'heure et le lieu s'accordent à m'imputer cet horrible meurtre; me voici, prêt à m'accuser et à me défendre, prêt à m'absoudre[3] en me condamnant.

Notes

1. *prendre le pas sur :* devancer.

2. *imprécations :* malédictions proférées contre quelqu'un.

3. *absoudre :* pardonner.

LE PRINCE. – Dis donc vite ce que tu sais sur ceci.

LAURENCE. – Je serai bref, car le peu de souffle qui me reste ne suffirait pas à un récit prolixe[1]. Roméo, ici gisant, était l'époux de Juliette; et Juliette, ici gisante, était la femme fidèle de Roméo. Je les avais mariés : le jour de leur mariage secret fut le dernier jour de Tybalt, dont la mort prématurée proscrivit de cette cité le nouvel époux. C'était lui, et non Tybalt, que pleurait Juliette. *(À Capulet.)* Vous, pour chasser la douleur qui assiégeait votre fille, vous l'aviez fiancée, et vous vouliez la marier de force au comte Pâris. Sur ce, elle est venue à moi, et, d'un air effaré, m'a dit de trouver un moyen pour la soustraire à ce second mariage; sinon, elle voulait se tuer, là, dans ma cellule. Alors, sur la foi de mon art, je lui ai remis un narcotique[2] qui a agi, comme je m'y attendais, en lui donnant l'apparence de la mort. Cependant j'ai écrit à Roméo d'arriver, dès cette nuit fatale, pour aider Juliette à sortir de sa tombe empruntée, au moment où l'effet du breuvage cesserait. Mais celui qui était chargé de ma lettre, frère Jean, a été retenu par un accident, et me l'a rapportée hier soir. Alors tout seul, à l'heure fixée d'avance pour le réveil de Juliette, je me suis rendu au caveau des Capulets, dans l'intention de l'emmener et de la recueillir dans ma cellule jusqu'à ce qu'il me fût possible de prévenir Roméo. Mais quand je suis arrivé quelques minutes avant le moment de son réveil, j'ai trouvé ici le noble Pâris et le fidèle Roméo prématurément couchés dans le sépulcre. Elle s'éveille, je la conjure de partir et de supporter ce coup du ciel avec patience... Aussitôt un bruit alarmant me chasse de la tombe; Juliette, désespérée, refuse de me suivre et c'est sans doute alors qu'elle s'est fait violence à elle-même. Voilà tout ce que je sais. La nourrice était dans le secret de ce mariage. Si dans tout ceci quelque malheur est arrivé par ma

Notes

1. *prolixe* : détaillé.

2. *narcotique* : somnifère.

faute, que ma vieille vie soit sacrifiée, quelques heures avant son épuisement, à la rigueur des lois les plus sévères.

LE PRINCE. – Nous t'avons toujours connu pour un saint homme… Où est le valet de Roméo ? qu'a-t-il à dire ?

BALTHAZAR. – J'ai porté à mon maître la nouvelle de la mort de Juliette ; aussitôt il a pris la poste, a quitté Mantoue et est venu dans ce cimetière, à ce monument. Là, il m'a chargé de remettre de bonne heure à son père la lettre que voici et entrant dans le caveau, m'a ordonné sous peine de mort de partir et de le laisser seul.

LE PRINCE, *prenant le papier que tient Balthazar.* – Donne-moi cette lettre, je veux la voir… Où est le page du comte, celui qui a appelé le guet ? Maraud, qu'est-ce que ton maître a fait ici ?

LE PAGE. – Il est venu jeter des fleurs sur le tombeau de sa fiancée et m'a dit de me tenir à l'écart, ce que j'ai fait. Bientôt un homme avec une lumière est arrivé pour ouvrir la tombe ; et, quelques instants après, mon maître a tiré l'épée contre lui ; et c'est alors que j'ai couru appeler le guet.

LE PRINCE, *jetant les yeux sur la lettre.* – Cette lettre confirme les paroles du moine… Voilà tout le récit de leurs amours… Il a appris qu'elle était morte ; aussitôt, écrit-il, il a acheté du poison chez un pauvre apothicaire et sur-le-champ s'est rendu dans ce caveau pour y mourir et reposer près de Juliette. *(Regardant autour de lui.)* Où sont-ils, ces ennemis ? Capulet ! Montague ! Voyez par quel fléau[1] le ciel châtie votre haine : pour tuer vos joies il se sert de l'amour !… Et moi, pour avoir fermé les yeux sur vos discordes, j'ai perdu deux parents. Nous sommes tous punis.

Note

1. ***fléau*** *:* calamité.

CAPULET. – Ô Montague, mon frère, donne-moi ta main. *(Il serre la main de Montague.)* Voici le douaire[1] de ma fille ; je n'ai rien à te demander de plus.

MONTAGUE. – Mais moi, j'ai à te donner plus encore. Je veux dresser une statue de ta fille en or pur. Tant que Vérone gardera son nom, il n'existera pas de figure plus honorée que celle de la loyale et fidèle Juliette.

CAPULET. – Je veux que Roméo soit auprès de sa femme dans la même splendeur : pauvres victimes de nos inimitiés !

LE PRINCE. – Cette matinée apporte avec elle une paix sinistre, le soleil se voile la face de douleur. Partons pour causer encore de ces tristes choses. Il y aura des graciés et des punis. Car jamais aventure ne fut plus douloureuse que celle de Juliette et de son Roméo. *(Tous sortent.)*

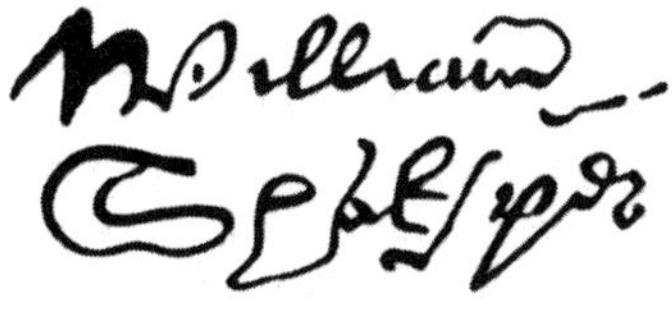

Signature de William Shakespeare.

Note

1. ***douaire :*** ce que le mari apporte à sa femme, comme une dot (ici, réconciliation).

Au fil du texte

Questions sur l'acte V (pp. 137 à 152)

Avez-vous bien lu ?

1. Que décide de faire Roméo à l'annonce de la mort de Juliette (scène 1) ?

2. Quel contretemps a empêché que Roméo soit prévenu du stratagème imaginé par le frère Laurence (scène 2) ?

3. Quelles sont les raisons données par Pâris et par Roméo à leurs pages pour justifier leur présence au cimetière (scène 3) ?

4. Pourquoi Pâris défie-t-il Roméo ? Celui-ci l'avait-il reconnu avant de le tuer (scène 3) ?

5. Que vient faire le frère Laurence au cimetière (scène 3) ?

6. Pourquoi les gardes arrivent-ils au cimetière (scène 3) ?

7. Qui le prince interroge-t-il successivement pour savoir la vérité sur ce qui vient de se passer au cimetière (scène 3) ?

8. Quelle décision commune prennent Capulet et Montague pour honorer leurs enfants défunts (scène 3) ?

Étudier le vocabulaire et la grammaire

9. Dans la réplique de l'apothicaire à partir de : *« eussiez-vous la force »* (scène 1, l. 74-75), remplacez cette forme verbale par une proposition subordonnée dont vous indiquerez la fonction précise ; à quel mode passe alors le verbe de la proposition principale ?

10. Dans la réplique de Roméo : *« C'est moi qui te vends du poison »* (scène 1, l. 80), expliquez l'accord du verbe « vendre ».

11 Dans la réplique de Jean : « *nous ayant rencontrés tous deux dans une maison qu'ils soupçonnaient infectée de la peste* » (scène 2, l. 92-93), expliquez l'accord des deux participes passés.

Étudier le discours

L'énonciation

- **Situation d'énonciation :** elle désigne l'émetteur et le destinataire de l'énoncé produit, le lieu et le moment où il est produit. Elle répond aux questions : qui parle à qui ? où et quand ? Elle conditionne le « système-temps » qui peut être présent ou passé.
- **Indices de l'énonciation :** ils sont constitués par les pronoms personnels, les pronoms et déterminants possessifs, et les adverbes de lieu et de temps.

12 Étudiez le récit du frère Laurence à partir de : « *Je serai bref* » (scène 3, l. 358 à 389). L'énoncé est-il ancré ou coupé de la situation d'énonciation ? Pour répondre, observez le système-temps, les personnes des verbes, les indices spatio-temporels. Quelle est la valeur du présent « *Elle s'éveille* » (l. 382) ?

13 Quel indice de l'énonciation montre que ce récit est inséré dans le dialogue ? À partir de quelle phrase y a-t-il reprise du dialogue ?

Étudier le genre : la « catastrophe » finale

Le vocabulaire du théâtre

- **Catastrophe :** événement décisif qui amène le dénouement d'une pièce de théâtre ; c'est la dernière péripétie.

14 En vous aidant des entrées et des sorties des personnages, décomposez la scène 3 en plusieurs mouvements dont vous indiquerez les limites et auxquels vous donnerez des titres. Quel est le mouvement qui constitue la « catastrophe » ?

15 Cherchez ce qui fait le lien d'un mouvement à l'autre, pour progresser vers le dénouement.

16 Pourquoi, selon vous, l'auteur n'a-t-il pas fractionné cette scène ?

ÉTUDIER L'ÉCRITURE

17 Étudiez le monologue de Roméo à partir de « *Examinons cette figure* » (scène 3, l. 189 à 258) : montrez que les figures de style, et en particulier les images* successives, rendent le langage poétique, et que les types de phrases et leur ponctuation traduisent l'état du personnage.

18 Quel est l'effet produit par ce monologue ?

***images* : résultat des comparaisons et des métaphores quand elles provoquent une représentation concrète de la forme, de la couleur, du mouvement de l'élément décrit.**

ÉTUDIER UN THÈME : UN DÉCOR GOTHIQUE*

Le vocabulaire du théâtre

• **Didascalies :** indications scéniques données par l'auteur ; elles portent sur les intonations, les gestes, les costumes, le décor, etc.

19 Rassemblez les indications qui décrivent le cimetière, dans les didascalies d'une part, et dans les répliques d'autre part.

20 Quelles en sont les principales caractéristiques ? Qu'est-ce qui rend cet endroit inquiétant ?

***gothique* : caractéristiques de l'art du Moyen Âge, et en particulier le goût médiéval pour la mort et la religion.**

21 Par qui et comment avait-il été présenté précédemment ? Indiquez précisément le passage.

ÉTUDIER L'EXTRAIT : « L'ACTE DE ROMÉO »

22 Montrez que Roméo est, dans cet acte, fidèle à son rôle et à son caractère, dont vous ferez apparaître les principaux traits.

23 En est-il de même pour les autres personnages présents (Pâris, le frère Laurence, Juliette, Capulet et Montague) ?

24 Dans quelle réplique le prince exprime-t-il la leçon morale de la pièce ? Reformulez-la. Quel changement provoque-t-elle ?

LIRE L'IMAGE

25 Quels sont les personnages présents sur la gravure de la page 146 ? Justifiez la présence des objets que vous reconnaissez. Quelle figure géométrique est formée par la disposition des trois personnages du premier plan ? À quoi peut faire penser la blancheur dont Juliette est nimbée ? Quelle réplique prononce le frère Laurence à cet instant précis ?

À VOS PLUMES !

26 Rédigez la lettre écrite par Roméo à son père, dans laquelle il lui explique sa décision de rentrer à Vérone, malgré l'ordre du prince, pour revoir Juliette une dernière fois. Roméo y justifie sa volonté de mourir.

27 Rédigez la lettre écrite par le frère Laurence à Roméo pour lui expliquer le stratagème destiné à éviter à Juliette le mariage avec Pâris. Le frère Laurence y justifie son artifice, mais y expose aussi ses craintes.

Retour sur l'œuvre

La durée de l'action

1. À l'aide des indications temporelles qui ponctuent le texte et que vous relèverez, constituez la chronologie de l'intrigue : en combien de jours l'histoire se déroule-t-elle ?

2. Situez les principaux événements : quels jours (et moments de la journée) ont lieu le premier combat entre les Capulets et les Montagues, la rencontre de Roméo et Juliette, leur mariage, leur nuit de noces, la mort de Mercutio et de Tybalt, la fausse mort de Juliette, la mort de Pâris, de Roméo et de Juliette ?

3. Quel est l'effet produit par la durée adoptée par Shakespeare, beaucoup plus courte que dans les versions précédentes de *Roméo et Juliette* dont il s'est inspiré ?

Les lieux

4. Faites correspondre les lieux suivants aux actions qui s'y déroulent.

	• la déclaration d'amour
	• les combats entre Capulets et Montagues
la chambre de Juliette •	• la rencontre entre Roméo et Juliette
le cimetière •	• le stratagème de la fausse mort
une rue de Vérone •	• la conversation entre la nourrice et Roméo
une rue de Mantoue •	• l'achat du poison
la maison des Capulets •	• le bal
le jardin des Capulets •	• la mort de Roméo et de Juliette
la cellule de frère Laurence •	• la mort de Pâris
une place publique •	• les préparatifs du mariage
Colomban •	• la nuit de noces
le tombeau des Capulets •	

5. Y a-t-il des changements de lieux durant un même acte, durant une même scène ?

6. Caractérisez chacun des principaux lieux évoqués : ouvert ou fermé, privé ou public, populaire, noble ou religieux, clair ou sombre, joyeux ou sinistre, etc.

7. Quel est, selon vous, le lieu le plus marquant et pourquoi ?

Les thèmes

8. Étudiez l'un des thèmes suivants de l'œuvre : l'amitié, l'amour, la sexualité, la violence, la mort, la vengeance, l'humour, la poésie.
a) Par quels personnages est-il mis en œuvre et dans quelles circonstances ?
b) Comment est-il traité (positivement ou négativement) ?
c) Quel est son effet sur l'action ?
d) Avec quelle visée est-il présenté ?

Les personnages

9. Dressez le portrait physique et moral de l'un des deux personnages principaux, au choix. Par qui sont fournies les indications sur Roméo ou Juliette ? Leur portrait est-il totalement mélioratif* ? Le personnage évolue-t-il au cours de l'histoire ?

***mélioratif* : vocabulaire qui vise à donner une image positive.**

10. Choisissez un personnage secondaire parmi les suivants : Mercutio, Tybalt, Capulet, la nourrice, frère Laurence, et analysez son rôle et son caractère. En quoi est-ce un personnage positif ou négatif pour les héros ?

11. Quel est le personnage qui vous a le plus intéressé et pourquoi ?

Pour conclure

12 Vrai ou faux ? Cochez la bonne réponse.

	VRAI	FAUX
a) Tybalt tue Benvolio.	☐	☐
b) Frère Jean n'a pu porter la lettre à Roméo à cause de la peste.	☐	☐
c) La nourrice a eu une fille prénommée Suzanne.	☐	☐
d) Mercutio est le cousin de Juliette.	☐	☐
e) Juliette a 14 ans.	☐	☐
f) Lady Capulet se prénomme Angélique.	☐	☐
g) Lady Montague meurt après son fils.	☐	☐
h) Rosaline aimait Roméo.	☐	☐
i) Le mariage de Juliette et de Pâris doit avoir lieu le jeudi.	☐	☐
j) Frère Laurence donne du poison à Juliette.	☐	☐

Portrait de Shakespeare entouré de personnages de ses drames célèbres : Roméo et Juliette, Othello et Desdémone, le roi Lear et Cordélia, Ophélie de *Hamlet*. Gravure du XIXe siècle.

Dossier Bibliocollège

Roméo et Juliette

1 L'essentiel sur l'œuvre

Roméo et Juliette a dû être écrite entre 1593 et 1594 et jouée entre 1596 et 1597. Il en existe **cinq versions** et ce n'est que dans la dernière qu'apparaît le découpage en scènes et actes.

La date de composition correspond à la période où Shakespeare écrit ses sonnets. Cette **veine poétique** se retrouve dans la pièce, écrite en grande partie en **vers** (ce dont ne rend pas compte la traduction de François-Victor Hugo choisie dans notre édition.)

Roméo et Juliette

Shakespeare n'invente pas de toutes pièces l'histoire de ces deux jeunes amoureux, séparés par la haine opposant leurs familles et réunis dans la mort. Une **intrigue similaire apparaît dès l'Antiquité**, chez Ovide, puis au XVIe siècle en Italie, en France, et en Angleterre. Mais Shakespeare en fait la **première version théâtrale**, resserrant la tragédie sur quelques jours.

Roméo et Juliette est probablement le **premier grand succès de Shakespeare**. En tous cas, c'est celle de ses pièces qui aura la descendance la plus abondante, en littérature, en peinture, en musique, en danse, au cinéma, transformant l'histoire de Roméo et Juliette en **mythe**.

2 L'œuvre en un coup d'œil

Acte I	L'action se déroule à Vérone, ville du Nord de l'Italie ; l'époque n'est pas précisée. Une nouvelle querelle éclate entre les membres de deux maisons ennemies, les Montagues et les Capulets, mais le prince leur défend de troubler l'ordre public. Lors d'un bal chez les Capulets, Roméo et Juliette ont un coup de foudre. Mais Juliette vient d'apprendre que ses parents, les Capulets, désirent la marier à Pâris. Tybalt, le cousin de Juliette, a aperçu Roméo, son ennemi Montague, au bal et en est furieux.
Acte II	Dans la nuit, Roméo vient au balcon de Juliette lui exprimer son amour. Le lendemain, le frère Laurence les marie en secret.
Acte III	Une querelle éclate : Tybalt tue Mercutio, un ami de Roméo et Roméo tue Tybalt. Roméo est banni par le prince. Mais il vient passer sa nuit de noces chez Juliette et part à l'aube à Mantoue, une ville proche, où on doit lui faire parvenir des nouvelles. Les parents de Juliette insistent violemment pour qu'elle épouse Pâris. Désespérée, elle cherche conseil auprès de frère Laurence.
Acte IV	Frère Laurence donne à Juliette une drogue afin qu'elle passe pour morte avant son mariage avec Pâris. Le matin, on découvre son corps inanimé.
Acte V	Roméo, qui n'a pu être prévenu de la ruse, apprend la mort de Juliette. Il se rend à son tombeau. Pâris tente de l'empêcher d'entrer, Roméo le tue puis s'empoisonne. Juliette, réveillée, se suicide. Les parents de Roméo et de Juliette se réconcilient en présence du prince.

3 Le monde de Shakespeare : faire du théâtre à la Renaissance

LA RENAISSANCE, QUESTIONNEMENT DES ANCIENNES VÉRITÉS

La Réforme

Amorcée à la fin du XVe siècle, la Réforme protestante s'oppose au catholicisme et provoque bien des bouleversements en Europe : des guerres civiles en France, une période d'instabilité en Angleterre où la religion anglicane mettra cent ans à s'imposer.

La découverte du Nouveau monde

La découverte du Nouveau monde en 1492 et la rencontre avec les « sauvages » ignorants de Dieu bousculent les notions d'être humain et de civilisation. L'Européen jette un regard neuf sur lui-même et prend conscience d'une identité occidentale et de la relativité de ses valeurs.

La révolution scientifique

Les découvertes scientifiques de Copernic (publiées en 1543) démontrent que c'est le Soleil et non la Terre qui est au centre de l'Univers. Cela contredit la Bible qui place l'Homme au centre de la Création et malmène la vision supérieure qu'il a de lui-même.

La redécouverte de l'Antiquité

L'Humanisme redécouvre les grands textes de l'Antiquité. Les arts renouvellent alors leurs formes et leurs contenus et connaissent un essor formidable dont le point de départ se situe en Italie avec des artistes comme Léonard de Vinci, Raphaël ou Michel-Ange.

LES CONTRAINTES THÉÂTRALES AU XVIe SIÈCLE

De nombreux théâtres

Fait exceptionnel en Europe à cette époque, Londres compte plusieurs théâtres publics, dont celui de Shakespeare, *The Globe*. La concurrence entre les troupes est vive : par conséquent, les comédiens jouent six jours sur sept et renouvellent souvent la pièce à l'affiche.

Les troupes

Les troupes sont constituées de peu d'acteurs, qui jouent donc souvent plusieurs rôles. Comme les femmes n'ont pas le droit de monter sur scène, il y a peu de rôles féminins et ils sont tenus par de jeunes garçons.

Les salles

Les théâtres sont à ciel ouvert, on y joue à la lumière du jour. Il n'y a ni jeux d'éclairage, ni rideau et très peu de décors. Par conséquent, le dramaturge doit souligner les alternances de jour et de nuit ou les changements de lieu par les paroles des personnages.

Un public populaire

Le théâtre n'est pas réservé aux lettrés. Les places debout du parterre sont occupées par un public populaire et indiscipliné. Le dramaturge doit retenir son attention en prenant en compte son goût pour les émotions fortes, les batailles violentes et un comique parfois grossier.

4 La tragédie shakespearienne

I – Le double héritage du théâtre élisabéthain

L'héritage antique

Les Humanistes de la Renaissance relisent les auteurs antiques et notamment le Grec Aristote, grand théoricien du théâtre du IVe siècle avant J.-C. C'est lui qui établit les caractéristiques principales de la tragédie, présentes en grand nombre chez Shakespeare.

À RETENIR
De l'Antiquité, Shakespeare hérite de thèmes et de formes.

L'Antiquité latine nourrit aussi le théâtre élisabéthain par ses thèmes (Shakespeare s'inspire de ceux de Plaute ou d'Ovide) et donne le modèle d'un type de tragédie : la tragédie de la vengeance (héritée de Sénèque), genre violent très apprécié par le public de l'époque, amateur de frissons et de spectacles sanglants. Shakespeare n'en écrira qu'une, *Titus Andronicus,* juste avant *Roméo et Juliette*.

	Les principes d'Aristote	Dans *Roméo et Juliette*
Le but	Un enchaînement d'actions qui suscite crainte et pitié chez le spectateur.	On ressent surtout de la pitié pour ces deux amoureux malheureux, mais aussi de la crainte quand on apprend que Roméo n'a pu être prévenu de la ruse.
Le sujet	Une crise, un conflit entre gens proches ou au sein d'une famille.	Des parents imposent à leur fille un mariage qu'elle refuse ; Roméo et Juliette, par leur mariage, sont liés aux ennemis de leurs familles.

Le type de personnages	De rang élevé.	Deux familles nobles de Vérone.
L'action	Le passage du bonheur au malheur est provoqué par des péripéties.	La peste empêche frère Jean d'apporter à Roméo le message révélant la ruse.
La fatalité	Le personnage n'est pas libre : il lutte contre une volonté supérieure ou ses propres passions.	Les héros sont nés sous une mauvaise étoile et jouent de malchance avec le message non délivré.
La fin	Elle est malheureuse pour les héros.	La mort des deux amants.
La langue	Des vers.	Vers et prose.

Les grandes époques de la tragédie

Des tragédies n'ont été écrites qu'à très peu d'époques : surtout en Grèce au Vᵉ siècle avant J.-C., en Angleterre au XVIᵉ siècle et en France aux XVIIᵉ et XXᵉ siècles.

➡ La tradition médiévale

Différentes formes théâtrales se sont développées à la fin du Moyen Âge, en étroite relation avec la religion. C'est une pratique qui faisait partie de la vie du peuple et qui était largement répandue. On retrouve dans le théâtre de Shakespeare plusieurs de ses caractéristiques qui s'opposent en tous points aux préceptes que les théoriciens français établiront au XVIIᵉ siècle :

– le déroulement de l'action sur un laps de temps parfois très long : *Roméo et Juliette* se déroule sur quatre jours ;

– une succession de lieux différents : dans *Roméo et Juliette*, d'une scène à l'autre, on passe du jardin des Capulets à la

À RETENIR

La tradition médiévale qui imprègne le théâtre shakespearien l'éloigne de l'idéal classique qui sera établi par les théoriciens français au XVIIᵉ siècle.

cellule du frère Laurence, de la chambre de Juliette à une boutique de Mantoue, à la cellule du frère ;
– mais, surtout, le sérieux n'est jamais séparé du comique et même les histoires les plus dramatiques sont entrecoupées de passages d'humour grotesque, voire grossier et à connotations sexuelles. Dans *Roméo et Juliette*, c'est notamment la nourrice qui introduit ce type de plaisanteries. Ce mélange des genres choquera particulièrement le XVIIe français.

Les règles de la tragédie française du XVIIe siècle

Au XVIIe siècle en France, une tragédie classique doit avoir une intrigue unique et se dérouler en un jour et en un seul lieu. La bienséance interdit qu'on représente sur scène la violence ou la mort. Les registres comiques et tragiques ne peuvent être mêlés.

II – L'originalité de la tragédie shakespearienne

Un thème privilégié : l'exercice du pouvoir

Le fait de choisir des rois comme personnages ne s'explique pas seulement par le respect des règles d'Aristote : une des principales thématiques des tragédies de Shakespeare est le pouvoir, la façon de le conquérir, de l'exercer, de le conserver. En cela, *Roméo et Juliette* est une pièce à part dans son œuvre. Même si le personnage du prince souligne combien le destin de la cité est lié aux deux familles, le thème central en est l'amour malheureux.

La langue de Shakespeare

La langue de Shakespeare est une des plus riches de la littérature. Son inventivité verbale se manifeste dans l'emploi de jeux de mots, de néologismes ou de patois. Le mélange du dramatique et du comique favorise aussi la variété des niveaux de langue au sein d'une même pièce.

À RETENIR

La langue de Shakespeare est très travaillée, particulièrement dans *Roméo et Juliette*, qui contient un nombre exceptionnel de vers rimés.

Alors que les tragédies grecques et françaises sont écrites uniquement en vers, celles de Shakespeare alternent prose et vers en proportions variables. Les vers sont réservés aux nobles dans l'expression du tragique, la prose est la marque des serviteurs qui assurent le registre comique.
Shakespeare utilise plusieurs types de vers, dont le fameux « vers blanc » qu'il va rendre célèbre. *Roméo et Juliette* est particulière à cet égard : non seulement c'est sa pièce qui contient le plus de vers rimés mais elle compte même trois sonnets. Le plus remarquable est celui que forment les premières répliques échangées par les deux héros (lignes 693 à 717). Conçue durant la période où Shakespeare compose ses sonnets, cette tragédie est placée est sous le signe de la poésie lyrique par son thème, l'amour impossible, aussi bien que par sa forme.
Or, rien n'est plus difficile à traduire que les jeux de mots et la poésie : on imagine bien que les versions françaises ne donnent qu'une image imparfaite du génie langagier de Shakespeare.

La poésie de Shakespeare

- Le sonnet shakespearien est composé de 14 vers rimés : trois quatrains de rimes croisées, suivis de deux rimes plates.
- Le vers blanc est une sorte de décasyllabe (en fait une alternance de syllabes accentuées ou non) normalement non rimé.

III – Le destin tragique de « *star-crossed lovers* » (amoureux contrariés par les astres)

Un sujet tragique

Deux causes extérieures précipitent la perte des deux amoureux en les plaçant au cœur de conflits indépassables. Tout d'abord, il y a la haine qui déchire les deux familles et ruine la paix de la ville, dans un contexte de violence et d'agressivité irresponsable. Que ce soit pour les valets ou les maîtres, tout est sujet de provocation, la tension est omniprésente et rend fragile l'équilibre imposé par le prince. D'autre part, l'autorité parentale pèse de tout son poids sur la vie de Juliette, lui imposant un mariage qu'elle ne peut refuser et qui la jette dans une impasse puisqu'elle est déjà mariée à Roméo.

➡ La fatalité

Une tragédie met en scène la notion de destin : les héros luttent en vain contre une force qui les dépasse, ce qui suscite crainte et pitié chez le spectateur. Cette notion est posée dès le Prologue de *Roméo et Juliette* puisqu'il annonce la mort des héros avant même le début de la pièce. Le spectateur, sous tension, est rendu témoin de l'enchaînement fatal des actions qui les mène à la mort. Tous leurs efforts pour échapper à leur destin seront impuissants et ne feront que plus encore sentir son caractère implacable : Roméo, cherchant à mettre fin à la dispute entre Benvolio et Mercutio provoque la mort de celui-ci et donc la nécessité de le venger ; en buvant le narcotique de frère Laurence pour échapper à Pâris, Juliette enclenche la catastrophe finale.

IV – Conclusion

La notion de tragédie peut varier selon les siècles et les pays et il faut résister à la tentation de comparer la tragédie shakespearienne à la tragédie française si corsetée par ses règles. Elle est peut-être plus proche du drame romantique du XIXe siècle. Victor Hugo était d'ailleurs un grand admirateur de Shakespeare.

Le premier théâtre du Globe fut un théâtre élisabéthain construit à Londres en 1599. Plusieurs fois démoli et reconstruit, l'actuel Globe Theatre a été ouvert au public en 1997, presque identique à l'original.

5 Dire l'amour : se déclarer

Dans une histoire d'amour, la déclaration des sentiments est un point de bascule où l'amoureux, prenant le risque de la parole, se dévoile et s'expose à la réaction de l'autre, qui fera que tout commence ou tout finit.

Si ces émotions intenses se vivent dans le bonheur d'un amour partagé dans *Roméo et Juliette*, dans les quatre extraits qui suivent, cette révélation est accompagnée de sentiments plus complexes. Dans *Cyrano de Bergerac*, Cyrano se déclare mais sous l'identité et au compte d'un rival ; dans *Lettre d'une inconnue*, la narratrice rompt son silence alors qu'il est trop tard et qu'elle n'attend plus rien. Dans les récits rétrospectifs à la première personne que sont *Lettre d'une inconnue* et *Le Sabotage amoureux*, les sentiments du passé sont revisités au moment de l'écriture, ce qui amène ou non à une prise de distance.

Par ailleurs, la déclaration d'amour est un moment où le langage joue un rôle décisif. Cyrano, poète et bel esprit, enivre Roxane par ses mots. Mais un émoi trop intense peut mettre l'amoureux en déroute : il dérègle la capacité à s'exprimer de Troïlus (*La Guerre de Troie n'aura pas lieu*) ou la rend très maladroite chez la narratrice du *Sabotage amoureux*.

1 Edmond Rostand, *Cyrano de Bergerac*

Cyrano, mousquetaire et poète, est amoureux de Roxane, une coquette. Mais, affligé d'un nez disgracieux, il sait qu'elle ne l'aimera jamais et il a renoncé à lui avouer sa passion. Elle aime d'ailleurs Christian, jeune homme très beau mais qui ne s'exprime pas bien. Cyrano accepte d'aider Christian à séduire Roxane. Un soir, ils se rendent dans le jardin de la jeune fille, qui apparaît à son balcon : Cyrano souffle ses répliques à Christian puis parle en se faisant passer pour lui en sa présence.

ROXANE

[...]
Quels mots me direz-vous ?

CYRANO

Tous ceux, tous ceux, tous ceux
Qui me viendront ; je vais vous les jeter, en touffe[1],
Sans les mettre en bouquets : je vous aime, j'étouffe,
Je t'aime, je suis fou, je n'en peux plus, c'est trop ;
Ton nom est dans mon cœur comme dans un grelot[2],
Et comme tout le temps, Roxane, je frissonne,
Tout le temps, le grelot s'agite, et le nom sonne !
De toi, je me souviens de tout, j'ai tout aimé :
Je sais que l'an dernier, un jour, le douze mai,
Pour sortir le matin tu changeas de coiffure !
J'ai tellement pris pour clarté ta chevelure
Que, comme lorsqu'on a trop fixé le soleil,
On voit sur toute chose ensuite un rond vermeil,
Sur tout, quand j'ai quitté les feux dont tu m'inondes,
Mon regard ébloui pose des taches blondes !

Notes

1. **touffe** : ici, « en vrac », « en désordre ».
2. **grelot** : petite boule de métal creuse et percée de trous, dans laquelle se trouve un morceau de métal qui la fait résonner quand on l'agite.

ROXANE, *d'une voix troublée.*

Oui, c'est bien de l'amour…

CYRANO

Certes, ce sentiment
Qui m'envahit, terrible et jaloux, c'est vraiment
De l'amour, il en a toute la fureur triste !
[…]
Oh ! mais vraiment, ce soir, c'est trop beau, c'est trop [doux !
Je vous dis tout cela, vous m'écoutez, moi, vous !
C'est trop ! Dans mon espoir même le moins modeste,
Je n'ai jamais espéré tant ! Il ne me reste
Qu'à mourir maintenant ! C'est à cause des mots
Que je dis qu'elle tremble entre les bleus rameaux[1] !
Car vous tremblez, comme une feuille entre les feuilles !
Car tu trembles ! car j'ai senti, que tu le veuilles
Ou non, le tremblement adoré de ta main
Descendre tout le long des branches du jasmin !

Il baise éperdument l'extrémité d'une branche pendante.

ROXANE

Oui, je tremble, et je pleure, et je t'aime, et suis tienne !
Et tu m'as enivrée[2] !

CYRANO

Alors que la mort vienne !
Cette ivresse[3], c'est moi, moi, qui l'ai su causer !

Edmond Rostand, *Cyrano de Bergerac*, Acte III, scène 7, 1897.

Notes

1. **rameaux** : branche d'arbre.
2. **enivrée** : remplie d'une émotion forte et troublante.
3. **ivresse** : état d'une personne très émue.

Questions sur le texte 1

A. Comparez cette scène avec la scène 2 de l'acte II de *Roméo et Juliette* : quels sont leurs points communs et leur principale différence ?

B. Comment s'exprime l'intensité des sentiments de Cyrano dans ses répliques ? Appuyez-vous par exemple sur le vocabulaire, les répétitions et la ponctuation.

C. Quel mot répète Cyrano dans sa dernière réplique ? Aidez-vous de ce que vous savez de la situation particulière de la scène pour expliquer le sens de cette insistance et ce qui est sous-entendu. Quelle tonalité cela donne-t-il à la scène ?

2 Stefan Zweig, *Lettre d'une inconnue*

Une jeune femme, se sentant proche de la mort, se décide à écrire une lettre à l'homme qu'elle aime passionnément depuis son adolescence. Plus âgé qu'elle d'une dizaine d'années, il était alors son voisin de palier. Elle lui raconte les étapes de son amour.

> C'est qu'il y a si longtemps déjà, quinze à seize ans ! Certainement tu ne te le rappelles plus, mon bien-aimé ; mais moi, oh ! je me souviens passionnément du moindre détail ; je sais encore, comme si c'était hier, le jour et même l'heure où j'entendis parler de toi pour la première fois, où pour la première fois je te vis, et comment en serait-il autrement puisque c'est alors que l'univers s'est ouvert pour moi ? Permets, mon bien-aimé, que je te raconte tout, tout depuis le commencement ; daigne, je t'en supplie, ne pas te fatiguer d'entendre parler de moi pendant un quart d'heure, moi qui, toute une vie, ne me suis pas fatiguée de t'aimer. [...]
>
> Tu étais pour moi – comment dirais-je ? toute comparaison serait trop faible – tu étais précisément tout pour moi, toute ma vie. Rien n'existait que dans la mesure où cela se rapportait à toi ; rien dans mon existence n'avait de sens que si cela me rapprochait de toi. Tu métamorphosais toute ma façon de

vivre. Jusqu'alors indifférente et médiocre à l'école, je devins tout d'un coup la première de la classe ; je lisais des centaines de livres et très tard dans la nuit, parce que je savais que tu aimais les livres ; je commençai brusquement, au grand étonnement de ma mère, à m'exercer au piano avec une persévérance presque inconcevable, parce que je croyais que tu aimais la musique. Je ravaudai[1] mes vêtements et j'eus soin de ma parure[2] uniquement pour avoir un air plaisant et propre à tes yeux ; et l'idée que ma blouse de classe (c'était la transformation d'une robe d'intérieur de ma mère) avait du côté gauche un carré d'étoffe rapporté[3], cette idée m'était odieuse. Si par hasard tu allais la remarquer, si tu me méprisais ! C'est pourquoi je tenais toujours ma serviette[4] serrée, quand je montais les escaliers en courant, tremblante de peur que tu ne l'aperçoives. Mais comme c'était insensé, car jamais, presque jamais plus tu ne m'as regardée !

Et cependant, à vrai dire, je passais mes journées à t'attendre et à te guetter. Il y avait à notre porte une petite lunette[5] de cuivre jaune par le trou rond de laquelle on pouvait voir ce qui se passait de l'autre côté, devant chez toi. Cette lunette – non, ne souris pas, mon bien-aimé ; aujourd'hui encore, je n'ai pas honte de ces heures-là ! – cette lunette était pour moi l'œil avec lequel j'explorais l'univers ; là pendant des mois et des années, dans le vestibule[6] glacial, craignant la méfiance de ma mère, j'étais assise un livre à la main, passant des après-midi entiers à guetter, tendue comme une corde de violon, et vibrante comme elle quand ta présence la touchait.

Stefan Zweig, *Lettre d'une inconnue*, traduction d'Alzir Hella et Olivier Bournac, Le Livre de Poche, 1991.

Notes

1. **ravaudai** : raccommodai, recousus.
2. **parure** : ensemble des vêtements.
3. **rapporté** : cousu par dessus pour cacher un accroc.
4. **serviette** : cartable.
5. **lunette** : judas.
6. **vestibule** : couloir.

Questions sur le texte 2

A. La passion ressentie par l'adolescente était-elle partagée par son voisin ? Justifiez votre réponse par des citations.

B. Qu'est-ce que la passion de l'adolescente change dans son comportement ?

C. Que ressent la jeune femme pour cet homme au moment où elle lui écrit ? Quel regard porte-t-elle sur les événements qu'elle lui raconte ?

3 Jean Giraudoux, *La Guerre de Troie n'aura pas lieu*

Jean Giraudoux reprend les personnages de l'*Iliade* juste avant que la guerre de Troie ne soit déclarée. Pâris, de la famille royale de Troie, a enlevé la très belle Hélène, l'épouse du roi grec Ménélas et l'a installée au palais. Jeune femme légère, Hélène garde un comportement insouciant alors que la crainte d'une nouvelle guerre fait monter la tension autour d'elle.

HÉLÈNE – Hé, là-bas ! Oui, c'est toi que j'appelle !... Approche !

TROÏLUS – Non.

HÉLÈNE – Comment t'appelles-tu ?

TROÏLUS – Troïlus.

HÉLÈNE – Viens ici !

TROÏLUS – Non.

HÉLÈNE – Viens ici, Troïlus !... *(Troïlus approche.)* Ah ! te voilà ! Tu obéis quand on t'appelle par ton nom : tu es encore très lévrier[1]. C'est d'ailleurs gentil. Tu sais que tu m'obliges pour la première fois à crier, en parlant à un homme ? Ils sont toujours tellement collés à moi que je n'ai qu'à bouger les lèvres. J'ai crié à des mouettes, à des biches, à l'écho, jamais à un homme. Tu me paieras cela... Qu'as-tu ? Tu trembles ?

Note

1. **lévrier** : race de chien.

TROÏLUS – Je ne tremble pas.

HÉLÈNE – Tu trembles, Troïlus.

TROÏLUS – Oui, je tremble.

HÉLÈNE – Pourquoi es-tu toujours derrière moi ? Quand je vais dos au soleil et que je m'arrête, la tête de ton ombre butte toujours contre mes pieds. C'est tout juste si elle ne les dépasse pas. Dis-moi ce que tu veux...

TROÏLUS – Je ne veux rien.

HÉLÈNE – Dis-moi ce que tu veux, Troïlus !

TROÏLUS – Tout ! Je veux tout !

HÉLÈNE – Tu veux tout. La lune ?

TROÏLUS – Tout ! Plus que tout !

HÉLÈNE – Tu parles déjà comme un vrai homme : tu veux m'embrasser, quoi !

TROÏLUS – Non !

HÉLÈNE – Tu veux m'embrasser, n'est-ce pas, mon petit Troïlus ?

TROÏLUS – Je me tuerais aussitôt après !

HÉLÈNE – Approche... Quel âge as-tu ?

TROÏLUS – Quinze ans... Hélas !

HÉLÈNE – Bravo pour « hélas »... Tu as déjà embrassé des jeunes filles ?

TROÏLUS – Je les hais.

HÉLÈNE – Tu en as déjà embrassé ?

TROÏLUS – On les embrasse toutes. Je donnerais ma vie pour n'en avoir embrassé aucune.

HÉLÈNE – Tu me sembles disposer d'un nombre considérable d'existences. Pourquoi ne m'as-tu pas dit franchement : « Hélène, je veux vous embrasser ! ... » Je ne vois aucun mal à ce que tu m'embrasses... Embrasse-moi.

TROÏLUS – Jamais.

HÉLÈNE – À la fin du jour, quand je m'assieds aux créneaux[1] pour voir le couchant sur les îles, tu serais arrivé doucement, tu aurais tourné ma tête vers toi doucement avec tes mains, — de dorée, elle serait devenue sombre, tu l'aurais moins bien vue évidemment, — et tu m'aurais embrassée, j'aurais été très contente... Tiens, me serais-je dit, le petit Troïlus m'embrasse !... Embrasse-moi.

TROÏLUS – Jamais.

HÉLÈNE – Je vois. Tu me haïrais si tu m'avais embrassée ?

TROÏLUS – Ah ! Les hommes ont bien de la chance d'arriver à dire ce qu'ils veulent dire !

HÉLÈNE – Toi, tu le dis assez bien.

Jean Giraudoux, *La Guerre de Troie n'aura pas lieu*,
Acte II, scène 1, 1935.

Questions sur le texte 3

A. Avant cette scène, de quelle façon Troïlus manifestait-il son attirance pour Hélène ? Qu'est-ce que cela révèle de lui ?

B. Qu'est-ce que cela change quand Hélène ajoute « Troïlus » à la fin de ses phrases ? Repérez les quatre passages concernés. Quel est l'effet produit ?

C. Quelles remarques pouvez-vous faire sur les répliques de Troïlus ? (Observez leur longueur, les formes et les types de phrase.) Que révèle sa façon de parler sur son état d'esprit ? Appuyez-vous sur vos réponses pour expliquer les deux dernières répliques de la scène.

Note

1. **créneaux** : ouvertures pratiquées à intervalles réguliers au sommet d'un rempart, d'une tour.

4) Amélie Nothomb, *Le Sabotage amoureux*

La narratrice raconte un épisode de son enfance. En 1974, elle a sept ans et vit en Chine avec ses parents. Ils habitent un quartier réservé aux diplomates étrangers, San Li Tun. Un jour, une nouvelle famille arrive.

Le centre du monde habitait à quarante mètres de chez moi.

Le centre du monde était de nationalité italienne et s'appelait Elena.

Elena devint le centre du monde dès que ses pieds touchèrent le sol bétonné de San Li Tun.

Son père était un petit Italien agité. Sa mère était une grande Indienne du Surinam, au regard aussi inquiétant que le Sentier Lumineux[1].

Elena avait six ans. Elle était belle comme un ange qui poserait pour une photo d'art.

Elle avait les yeux sombres, immenses et fixes, la peau couleur de sable mouillé.

Ses cheveux d'un noir de bakélite[2] brillaient comme si on les avait cirés un à un et n'en finissaient pas de lui dévaler le dos et les fesses.

Son nez ravissant eût frappé Pascal[3] d'amnésie.

Ses joues dessinaient un ovale céleste, mais rien qu'à voir la perfection de sa bouche, on comprenait combien elle était méchante. [...]

Elle sortit de la voiture et ne me vit pas.

À peu de chose près, ce fut sa politique pendant toute l'année que nous devions passer ensemble.

[...]

Notes

1. **Sentier Lumineux** : parti politique qui a fait régner la terreur au Pérou dans les années 1980.
2. **bakélite** : matière plastique noire.
3. **Pascal** : philosophe français (1623-1662) qui a écrit une phrase devenue célèbre : « *Le nez de Cléopâtre, s'il eût été plus court, toute la face de la Terre aurait changé.* »

Je ne l'intéressais pas. À vrai dire, rien ne semblait l'intéresser. Elle ne regardait rien et ne disait rien. Elle avait l'air contente d'être à l'intérieur d'elle-même. Pourtant, on sentait qu'elle se sentait regardée et que cela lui plaisait.

Il me faudrait du temps pour comprendre qu'une seule chose importait à Elena : être regardée.

Ainsi, sans le savoir, je la rendais heureuse : je la mangeais des yeux. Il m'était impossible de la lâcher du regard. Je n'avais jamais rien vu d'aussi beau. C'était la première fois de ma vie que la beauté de quelqu'un me frappait. J'avais déjà rencontré beaucoup de belles personnes mais elles n'avaient pas retenu mon attention. Pour des raisons qui m'échappent encore, la beauté d'Elena m'obsédait.

Je l'ai aimée dès la première seconde. Comment expliquer de telles choses ? Je n'avais jamais pensé à aimer qui que ce fût. Je n'avais jamais songé que la beauté de quelqu'un pût susciter un sentiment. Et pourtant tout s'était enclenché à l'instant où je l'avais vue, avec une autorité sans faille : elle était la plus belle, donc je l'aimais, donc elle devenait le centre du monde.

Le mystère se prolongeait. Je comprenais que je ne pouvais me contenter de l'aimer : il fallait aussi qu'elle m'aimât. Pourquoi ? C'était comme ça.

Je la mis au courant en toute simplicité. Il était naturel que je doive l'informer :

– Il faut que tu m'aimes.

Elle daigna me regarder, mais c'était un regard dont je me serais passée. Elle eut un petit rire méprisant. Il était clair que je venais de dire une idiotie. Il fallait donc lui expliquer pourquoi ce n'en était pas une :

– Il faut que tu m'aimes parce que je t'aime. Tu comprends ?

Il me semblait qu'avec ce supplément de données tout rentrerait dans l'ordre. Mais Elena se mit à rire plus fort.

Je ressentis une blessure confuse.

– Pourquoi tu rigoles ?

D'une voix sobre, hautaine et amusée, elle répondit :
– Parce que tu es bête.
Ainsi fut accueillie ma première déclaration d'amour.

Amélie Nothomb, *Le Sabotage amoureux*, Albin Michel, 1993.

Questions sur le texte ④

A. Du début à *« elle était méchante »*, par quels procédés d'écriture s'exprime l'admiration de la narratrice pour Elena ? Appuyez-vous par exemple sur le vocabulaire, une périphrase, la disposition du texte.

B. Analysez deux traits de caractère d'Elena.

C. Montrez que la narratrice, au moment où elle écrit, se moque un peu d'elle-même en insistant sur sa maladresse et son égocentrisme.

6 Lecture d'images et histoire des Arts

1 *La Valse* ou *Les Valseurs*, Camille Claudel, 1905

Document 1

Sculpture en bronze, exposée au musée Rodin à Paris.

H. : 46,4 cm ; L. : 33 cm ; P. : 19,7 cm.

À tout juste dix-neuf ans, Camille Claudel (1864-1943) devient l'élève et la maîtresse du grand sculpteur Auguste Rodin avec qui elle entretiendra une passion tumultueuse pendant quinze ans. La première version de cette sculpture, en plâtre, date de 1889, et correspond à une période où Camille Claudel prend ses distances avec son maître, et, esthétiquement, se rapproche de l'Art nouveau. Cette version représentait un couple de valseurs nus dont l'érotisme a choqué. Dans une nouvelle version en plâtre, en 1893, la valseuse est drapée dans une robe à mi-corps. En 1905, une version est éditée en bronze.
Œuvre d'inspiration autobiographique, la sculpture évoque la vertigineuse passion qui lie la jeune artiste à Auguste Rodin et anticipe le moment où elle perdra pied et basculera dans la folie. En effet, déjà très ébranlée par sa rupture avec Auguste Rodin, Camille Claudel est très perturbée par la mort de son père, en 1913, et elle est internée. Elle passera ses trente dernières années dans un asile psychiatrique.

Questions sur le document 1

A. Expliquez le titre de l'œuvre.

B. Caractérisez les lignes du corps de la danseuse et son attitude.

C. Comment est créée l'impression de mouvement et de déséquilibre ?

D. Appuyez-vous sur les questions précédentes pour analyser les aspects de la passion amoureuse qu'évoque cette sculpture.

2 *West Side Story*, film réalisé par Robert Wise et Jerome Robbins, 1961

Document 2

Photogramme issu de *West Side Story*, film réalisé en format large.

Coup de foudre de Maria (Natalie Wood) et Tony (Richard Beymer) au cours d'un bal dans un gymnase (39e minute).

À New York, lors d'un bal de quartier, deux bandes rivales, les Jets (des Américains) et les Sharks (des émigrés portoricains) se défient en dansant le mambo, une danse au tempo rapide. Alors que les danseurs quittent la piste, Maria et Tony échangent un regard pour la première fois et vivent un coup de foudre. Au même moment, un effet spécial rend flous les danseurs au centre de l'écran.

Questions sur le document 2

A. Quel est l'effet du format large dans cette scène ?

B. Quelles sont les couleurs du décor et des habits ? Que symbolisent-elles ?

C. Quels éléments de ce photogramme peuvent annoncer le destin tragique des amoureux ?

D. En quoi ce photogramme représente ce que voit une personne vivant un coup de foudre ?

3) *Roméo et Juliette*, ballet chorégraphié par Rudolf Noureev sur la musique de Sergueï Prokofiev, 2005

Document 3

Cette representation de 2005 est une reprise de la création de 1984 par le ballet de l'Opéra de Paris. Les décors sont d'Ezio Frigerio et les costumes d'Ezio Frigerio et Mauro Pagano. Roméo (Benjamin Pech) et Juliette (Élisabeth Maurin) apparaissent ici dans le dernier acte.

Rudolf Noureev (1938-1992), danseur étoile et chorégraphe, dit avoir été très marqué par le film de Franco Zeffirelli, *Roméo et Juliette* (1968). Cette influence est sensible dans la représentation de la violence et de la fougue juvéniles mais aussi dans certains choix esthétiques. En effet, comme dans le film, les décors et les costumes très colorés sont grandioses. Ils s'inspirent de la Renaissance italienne.

Questions sur le document 3

A. À quel moment de l'histoire correspond cette photographie ? Où sont les héros ?

B. Comment s'exprime la douleur de Juliette ?

C. Lesquels de ces adjectifs vous paraissent le mieux décrire les choix scénographiques : « *simples, historiques, somptueux, solennels, contemporains* » ? Justifiez votre réponse en vous appuyant sur la description des costumes et des décors. (Vous pouvez utiliser les mots suivants : « *cierges, chandelier, tenture, estrade, broderies, soie, velours* », etc.)

D. Juliette tient un lys blanc dans ses bras. Cherchez les connotations de cette fleur pour justifier sa présence ici.

4 *Roméo et Juliette*, mise en scène de Magali Léris, 2010

Document 4

Mise en scène créée en 2010 au Théâtre Jean Arp Clamart ; scénographie d'Yves Collet.

Roméo (Marc Lamigeon) et Juliette (Cassandre Vittu de Kerraoul).

Dans sa mise en scène de *Roméo et Juliette,* Magali Léris a été soucieuse de faire ressortir la jeunesse des personnages. Pour cela, elle a choisi des comédiens très jeunes et un jeu de scène dynamique favorisé par un décor unique dépouillé. Celui-ci présente des échafaudages de chaque côté de la scène. Ils figurent les deux maisons ennemies disposées en V, avec la pointe du V vers le lointain pour évoquer une rue qui s'enfonce dans le noir.

Questions sur le document 4

A. Relevez dans la pièce quelques lieux différents où se passent les scènes de *Roméo et Juliette.* Quel problème de décor cela pose-t-il ? Quel est l'intérêt du choix d'un décor unique si simple ?

B. Quand y a t-il des échafaudages autour d'une maison ? Quelle image est ainsi donnée des deux maisons ennemies ? Faites un lien avec le décor de la mise en scène de la Comédie française (document 5).

C. Comment ce décor a t-il pu être au service de l'intrépidité de la jeunesse, de son énergie ? Imaginez les déplacements des comédiens, notamment lors des bagarres.

5) *Roméo et Juliette*, mise en scène et scénographie d'Éric Ruf, 2015-2016.

Document 5

Mise en scène créée en 2015 à la Comédie-Française. Roméo (Jérémy Lopez) et Juliette (Suliane Brahim).

Comédien, scénographe et metteur en scène, Éric Ruf est sociétaire de la Comédie-Française, et son administrateur depuis 2014. Il a réalisé de nombreux décors, que ce soit pour le théâtre ou l'opéra. À propos de sa scénographie de *Roméo et Juliette*, il explique ses intentions : *« L'Italie bien sûr, mais une Italie pauvre où l'on observe sur les murs délabrés et beaux le souvenir d'une civilisation glorieuse. Une Italie du sud où la chaleur écrase les places et échauffe les esprits. »*

Questions sur le document 5

A. Décrivez les couleurs du décor. Selon vous, leur choix respecte-t-il l'intention d'Éric Ruf d'*« imposer une neutralité visuelle pour réentendre l'histoire »* ?

B. Décrivez l'espace sur lequel se tient Juliette. Quelle image donne-t-il de sa situation ?

C. En quoi ce décor fait-il penser à des ruines ? Quelle ambiance crée-t-il ainsi ?

D. Comparez ce décor avec celui de la mise en scène de Magali Léris (document 4). Lequel préférez-vous ? Expliquez pourquoi.

7 Et par ailleurs...

La postérité de *Roméo et Juliette* est aussi abondante que diverse. En effet, si la pièce est assez peu représentée en France (les deux dernières mises en scène de la Comédie-Française ont eu lieu en 2015 et 1954, celles de l'Odéon en 2011 et 1971), l'histoire de ces amoureux au destin brisé par des rivalités familiales a inspiré des musiciens, des chorégraphes aussi bien que des réalisateurs.

EN SALLE

• Avec plus de quatre cents longs métrages tirés de ses œuvres, Shakespeare est un des auteurs les plus adaptés au cinéma. Les premiers films reprenant l'histoire de *Roméo et Juliette* datent du cinéma muet (Georges Méliès en a créé une version en 1902 aujourd'hui disparue) et n'ont cessé de se multiplier depuis.

• Parmi les versions les plus récentes, celle de Franco Zeffirelli, en 1968, donne pour la première fois les rôles principaux à des acteurs presque aussi jeunes que les personnages (16 et 17 ans).

• En 1996, Baz Luhrman, dans *Romeo + Juliet,* respecte en grande partie le texte mais propose un traitement très moderne de la tragédie, déplaçant les personnages en Californie à l'époque contemporaine.

• Un des plus grands succès est l'adaptation de Robert Wise et Jerome Robbins, qui en font en 1961 un film musical aux dix oscars, *West Side Story*. Dans le New York violent des années 1950, Maria et Tony, qui appartiennent à deux gangs rivaux tombent amoureux. Les danses et la musique de Leonard Bernstein soulignent la violence de leur destin.

SUR LES PLANCHES

• Un des plus célèbres ballets du compositeur russe Sergueï Prokofiev est *Roméo et Juliette* (1935). Il a été chorégraphié à plusieurs reprises, notamment par le danseur étoile Rudolf

Noureev qui en offre en 1977 une mise en scène riche et colorée aux décors et costumes inspirés de la Renaissance italienne. Il crée une Juliette révoltée contre les codes de sa caste dans un contexte de grande violence : la mort est omniprésente dans le ballet.

• En 1990, Angelin Preljocaj en propose une nouvelle chorégraphie ayant pour cadre un pays totalitaire de l'Est qui opprime une population pauvre privée de liberté. En 1996, le chorégraphe la retravaille avec le dessinateur Enki Bilal qui en conçoit les décors et les costumes.

Angelin Preljocaj explique : *« Dans Vérone, non pas futuriste mais fictive, passablement délabrée, abritant une classe sociale favorisée et dirigeante (la famille de Juliette) et une population misérable et exploitée (celle de Roméo), la rencontre des amants est proscrite et hors-la-loi. La milice omniprésente et musclée, chargée par la famille de Juliette de contrôler l'ordre social, n'est pas seulement l'image shakespearienne de la fatalité, c'est aussi l'emprise effective du pouvoir sur une des libertés essentielles de l'individu : celle d'aimer. »*

DANS LES BULLES

Plusieurs années après sa collaboration au ballet de Preljocaj, Enki Bilal retrouve le couple maudit dans sa bande-dessinée *Julia & Roem* en 2011. Ne reprenant que quelques répliques de Shakespeare, il place les deux jeunes amoureux en situation de survie sur une Terre dévastée par une catastrophe environnementale.

EN MUSIQUE

Il existe une vingtaine d'opéras sur le thème de *Roméo et Juliette*.

• Un des plus remarquables est celui de Charles Gounod datant de 1867. Impressionné par la symphonie musicale *Roméo et Juliette* d'Hector Berlioz (1839), il en donne une version très romantique qui exalte la passion amoureuse et ne compte pas moins de quatre duos d'amour. Le succès est tel que Joseph Eugène Dejazet en imagine la même année une version parodique, *Rhum et Eau, en juillet*.

• Le slameur Grand Corps Malade détourne l'histoire de Shakespeare dans son slam, *Roméo kiffe Juliette* (extrait de l'album *3e Temps*, sorti en 2010) en lui donnant une fin heureuse : dans le cadre d'une cité de banlieue, deux jeunes amoureux de religions différentes choisissent de s'enfuir loin des haines familiales. Il en fait un clip video dans lequel interviennent musiciens, chanteurs et danseurs.

SUR LA TOILE

• On trouve facilement sur Internet des extraits de la pièce, des opéras ou des ballets.

• Sur francetvinfo, on peut en découvrir un résumé façon « Boloss des belles lettres » par Jean Rochefort.

CONSEILS DE SORTIES

• En 1996, le théâtre de Shakespeare, *Le Globe*, a été reconstruit à l'identique tout près de celui d'origine qui avait brûlé lors d'une représentation en 1613. On peut aujourd'hui le visiter et y assister à des représentations de pièces. Elles se font dans des conditions proches de celles du XVIe siècle, c'est-à-dire en journée, sans éclairage et, s'il y a de la musique, elle est jouée sur scène.

• Depuis 1905, on peut visiter en Italie, à Vérone une maison datant du XIIe siècle attribuée à la famille de Juliette. Un balcon a été reconstitué quelques décennies plus tard au-dessus d'une cour intérieure dans laquelle trône une statue de Juliette.

CONSEILS de LECTURE

• Mikaël Ollivier, dans *Star-crossed lovers* (2002, Éd. Thierry Magnier), raconte l'histoire de Clara, fille d'un ouvrier qui mène une grève dure dans l'usine du père de Guillaume, dont elle va tomber amoureuse. (Le titre reprend un passage du prologue de la pièce.)

•Stacey Jay, *Juliette forever* (2012, Milan jeunesse) est un roman fantastique qui suit les deux héros devenus ennemis après leur mort.

Dans la même collection

ANONYMES
Ali Baba et les quarante voleurs (37)
Fabliaux du Moyen Âge (20)
Gilgamesh (83)
La Bible (15)
La Farce de Maître Pathelin (17)
Le Roman de Renart (10)
Tristan et Iseult (11)

ANTHOLOGIES
L'Autobiographie (38)
Dire l'amour, de l'Antiquité à nos jours (91)
L'Héritage romain (42)
Poèmes 6e-5e (40)
Poèmes 4e-3e (46)
Textes de l'Antiquité (63)
Textes du Moyen Âge et de la Renaissance (67)
Théâtre pour rire 6e-5e (52)

ALAIN-FOURNIER
Le Grand Meaulnes (77)

ANDERSEN
La Petite Sirène et autres contes (27)

BALZAC
Le Colonel Chabert (43)
Eugénie Grandet (82)

BAUDELAIRE
Le Spleen de Paris (29)

CARROLL
Alice au pays des merveilles (74)

CHÂTEAUREYNAUD
Le Verger et autres nouvelles (58)

CHRÉTIEN DE TROYES
Lancelot ou le Chevalier de la charrette (62)
Perceval ou le Conte du Graal (70)
Yvain ou le Chevalier au lion (41)

CHRISTIE
La mort n'est pas une fin (3)
Nouvelles policières (21)

CORNEILLE
Le Cid (2)

COURTELINE
Comédies (69)

DAUDET
Lettres de mon moulin (28)

DES MAZERY
La Vie tranchée (75)

DOYLE
Scandale en Bohême et autres nouvelles (30)
Le Chien des Baskerville (49)

FLAUBERT
Un cœur simple (31)

GAUTIER
La Cafetière et autres contes fantastiques (19)
Le Capitaine Fracasse (56)

GREENE
Le Troisième Homme (79)

GRIMM
Contes (44)

HOMÈRE
Odyssée (8)

HUGO
Claude Gueux (65)
Les Misérables (35)

JARRY
Ubu Roi (55)

LABICHE
Le Voyage de Monsieur Perrichon (50)

LA FONTAINE
Fables (9)

LEPRINCE DE BEAUMONT
La Belle et la Bête et autres contes (68)

Dans la même collection (suite et fin)